EL SISTEMA **CAGED** Y 100 **LICKS** PARA GUITARRA **BLUES**

Aprende a tocar blues a tu manera

JOSEPH **ALEXANDER**

FUNDAMENTAL**CHANGES**

El Sistema CAGED Y 100 Licks Para Guitarra Blues

Aprende a tocar blues a tu manera

ISBN: 978-1-910403-52-5

Publicado por www.fundamental-changes.com

Copyright © 2016 Joseph Alexander

Traducido del inglés por E. Gustavo Bustos

Fundamental Changes Ltd.

www.fundamental-changes.com

Twitter **@Guitar_Joseph**

FB: **FundamentalChangesInGuitar**

http://www.fundamental-changes.com

Contents

Introducción

La libertad melódica en la guitarra es difícil de conseguir, de hecho, la mayoría de los guitarristas permanecen estancados en los mismos patrones y formas de escala por años, incapaces de romper con los hábitos y licks que aprendieron cuando principiantes. Esto lleva a un estancamiento creativo, solos aburridos y la sensación de que siempre hay algo que falta en su forma de tocar.

Hazte la siguiente pregunta:

¿Cuando tocas un solo sueles ir directamente a *esa* primera forma de escala pentatónica?

¿Normalmente tocas en un rango limitado de tonalidades "fáciles", como La, Mi, Sol y Do?

¿Te gustaría tener total libertad para visualizar y tocar en cualquier tonalidad, en cualquier posición en la guitarra?

¿*Sólo* utilizas escalas pentatónicas menores, o rara vez utilizas modos con mayor riqueza sonora para avivar tu forma de tocar?

Si respondiste sí a cualquiera de las preguntas anteriores, entonces este libro es para ti.

Este libro ayuda a extender tu interpretación a todo el diapasón de la guitarra. Te libera de tocar las mismas ideas una y otra vez. Este libro estimula la creatividad al hacer disponible todo el diapasón, y lo más importante, te enseña un método visual increíblemente fuerte para "atar" escalas y licks a cinco formas de acordes fáciles de recordar.

El Sistema CAGED Para Guitarra Blues cubre escalas pentatónicas mayores y menores, la escala de blues, y el modo Mixolidio. Con cinco licks por cada escala, abarcando todas las cinco posiciones, nunca te faltará algo interesante que decir con tu instrumento.

Al interior del libro están los trucos y secretos que los guitarristas profesionales utilizan para desbloquear el diapasón para tener siempre algo nuevo que tocar. El concepto más importante es el sistema CAGED, el cual te ayudará a ver el diapasón como la palma de tu mano y a tocar con facilidad en cualquier tonalidad, en cualquier posición.

Este no es un libro de escalas. Adentro hay más de 100 licks de blues que vas a memorizar con facilidad, y serán la base de tus nuevos y mejorados solos. Aprenderás a hacerlos a partir de cada forma de acorde, así que donde quiera que estés en la guitarra, siempre estarás en la onda.

Cada lick se demuestra en un ejemplo de audio individual, que se puede descargar desde **www.fundamental-changes.com/audio-downloads**. Hay más de una hora de audio incluido y ocho Pistas de Acompañamiento personalizadas.

Este es el método enseñado en el Instituto de Guitarra de la Academia de Música de Londres y estoy muy feliz de compartir estos conceptos poderosos contigo en mi libro.

¡Diviértete y buena suerte!

Joseph Alexander

Obtén El Audio

Los archivos de audio de este libro se pueden descargar de forma *gratuita* en **www.fundamental-changes. com** y el enlace se encuentra en la esquina superior derecha. Sólo tienes que seleccionar el título de este libro en el menú desplegable y seguir las instrucciones para obtener el audio.

Recomendamos descargar los archivos directamente a tu computador, no a la tableta, y extraerlos allí antes de añadirlos a tu biblioteca multimedia. Luego, ya puedes ponerlos en tu tableta, iPod o grabarlos en un CD. En la página de descarga hay un archivo de ayuda en PDF y *también ofrecemos soporte técnico a través del formulario en la página de descargas.*

Invertimos mucho tiempo logrando que el audio quedara perfecto y será de gran beneficio para ti escuchar estos ejemplos a medida que trabajas a lo largo del libro. Son gratis, así que, ¿qué estás esperando?

Pásate por **www.fundamental-changes.com** y obtén los archivos de audio ahora.

También hay más de 350 clases gratuitas de guitarra que puedes aprovechar.

Si estás leyendo este libro en un lector electrónico, pulsa dos veces cada imagen para verla más grande. Puede ser de ayuda mantener el lector electrónico en modo horizontal y apagar la visualización en columnas.

Capítulo 1 – ¿Qué Es El Sistema CAGED?

Algo que hace única a la guitarra entre los instrumentos es que no es lineal. Imagina un piano; las notas van en una dirección y sólo hay una manera de tocar cada tono. Al comparar eso con la guitarra, te darás cuenta de que tenemos más de una manera de tocar la mayoría de los tonos, y que las notas se mueven horizontal *y* verticalmente a través del diapasón.

Lo que necesitamos es una forma sencilla de darle sentido a toda esta información; una forma de organizar el diapasón en secciones convenientes para eliminar la confusión y ayudarnos a aventurarnos en áreas en las que tal vez no estemos tan seguros de explorar.

Cuanto más sabemos del diapasón, más creativos, expresivos y musicales podemos ser; y más satisfechos vamos a estar con nuestra forma de tocar.

Aquí es donde entra el sistema CAGED.

El sistema CAGED divide el diapasón de la guitarra en secciones manejables en torno a cinco formas de acordes diferentes. Por su notación en inglés corresponden a la forma de acorde de C (Do), la forma de acorde de A (La), y las formas de acordes de G (Sol), E (Mi) y D (Re). En adelante utilizaremos esta notación para los acordes.

Mira estas formas de acordes con *cejilla*. Trata de reconocer los acordes en posición abierta que probablemente aprendiste como principiante. Los puntos cuadrados son las notas *tónicas* y cada acorde se muestra aquí como una inversión de La (A) Mayor:

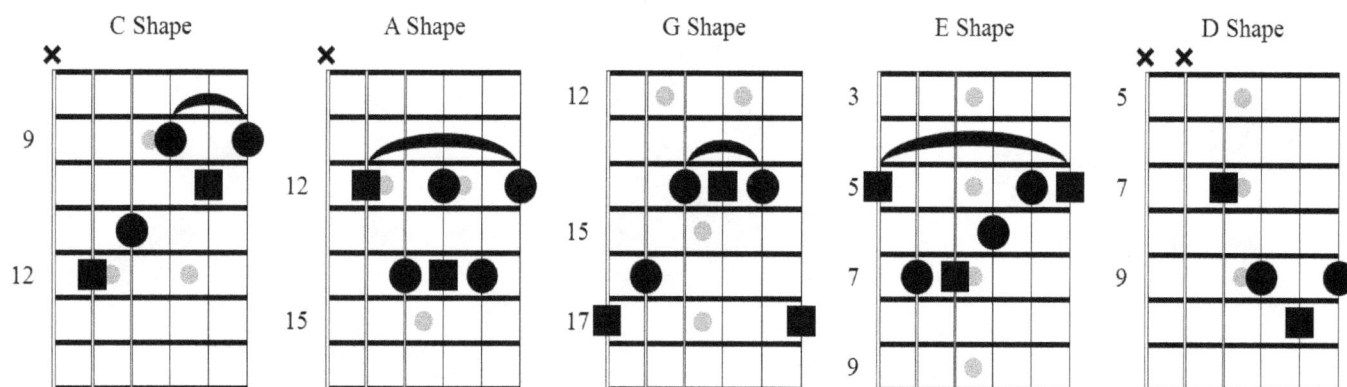

Utilizamos estas formas de acordes para dividir el diapasón cuando tocamos un solo. Lo que vas a aprender es cómo *atar* formas de escala y licks a cada forma de acorde. Esto tomará tiempo, pero nunca te abandonará.

Es como "Ver la Matrix"

Usando cada una de estas formas podemos seccionar el diapasón; una forma para cada posición.

Por el momento, vamos a trabajar en una tonalidad, la tonalidad de La (A). Aquí están todos los acordes anteriores mostrados como *inversiones* diferentes de un acorde de La Mayor (A) extendido sobre el diapasón.

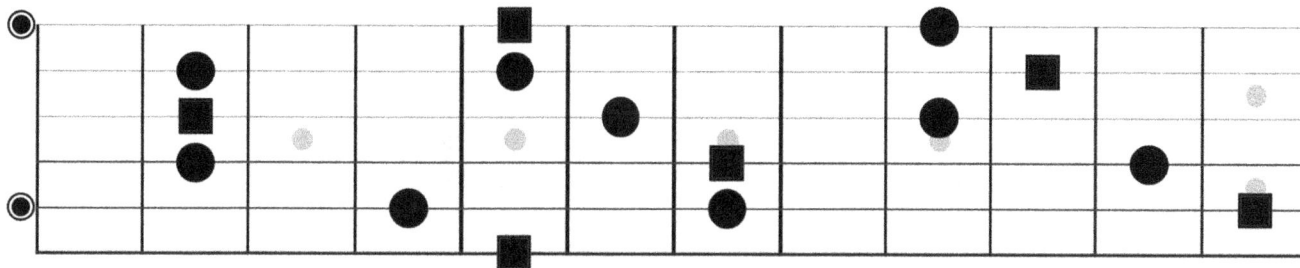

A primera vista esto puede parecer confuso, pero mira de nuevo con cuidado. ¿Puedes ver todas las formas de acordes con cejilla de la página anterior en este diagrama del diapasón? Utiliza las notas tónicas cuadradas para ayudar a orientarte.

¿Por qué es importante esto?

Este concepto es vital para nuestra capacidad de tocar solos en cualquier posición. Por ejemplo, si estoy en la tonalidad de La (A) Mayor y mi mano izquierda se encuentra en el área de los trastes 9no al 12vo, voy a visualizar la forma de "Do" (C). Si quiero tocar en el rango del 3er al 5to traste, veo la forma de "Sol" (G). Tengo muchos licks y líneas en mi cabeza que visualizo alrededor de cada forma de acorde, así dondequiera que esté en la guitarra, ¡siempre tengo algo que tocar!

El verdadero truco de todo esto es ser capaz de ver claramente todas las notas *tónicas* de la tonalidad en la que estamos tocando. Las *notas tónicas* en este libro siempre se muestran como un punto cuadrado en cualquier diagrama.

Ahora debes entender que

Tenemos cinco formas de acordes que separan el diapasón en cinco áreas individuales.

Utilizamos estas formas como ayuda visual para ayudarnos a navegar alrededor del diapasón.

Vamos a aprender nuestras escalas y licks en conjunto con cada forma de acorde.

Cuando visualicemos cada acorde en el diapasón, tendremos inmediatamente el vocabulario para tocar en cada posición.

Esa es la belleza del sistema CAGED. En el próximo capítulo vamos a aprender a "atar" escalas a cada forma de acorde para que cuando veas la forma de acorde, también veas todos los licks que conoces.

Los acordes mostrados anteriormente son todos mayores por el momento. Podríamos visualizarlos si estuviéramos tocando escalas mayores y licks:

Si estamos haciendo solos con escalas mayores, usamos acordes mayores.

Si estamos haciendo solos utilizando escalas menores, usamos acordes menores.

Si estamos haciendo solos con escalas de 7ma dominante, utilizamos acordes de 7ma dominante.

No olvides que todos los ejemplos de audio en este libro están disponibles de forma gratuita en www. fundamental-changes.com/audio-downloads.

Capítulo 2 – El Sistema CAGED Con Escalas Pentatónicas Menores

En el capítulo 1, nos fijamos en cómo podemos utilizar formas de acordes *mayores* para dividir el diapasón en la tonalidad de La (A) Mayor. Volveremos a esas formas en el capítulo 12 cuando nos fijamos en la escala Pentatónica Mayor.

Por ahora, nos vamos a centrar en la escala *Pentatónica Menor*, como puede que ya tengas una idea de una o dos de las formas comunes en el diapasón.

Vamos a empezar por aprender tus señales visuales: las formas de acordes que vamos a aprender a asociar con cada forma de escala. Recuerda que fragmentamos el diapasón con las formas de acordes, y luego mentalmente "atamos" cada forma de escala a cada acorde.

Como estamos aprendiendo la escala *Pentatónica Menor*, aprenderemos cinco formas de acordes *menores* de 7ma para dividir el diapasón. Aquí están las cinco formas, todas en tonalidad de La (A) menor:

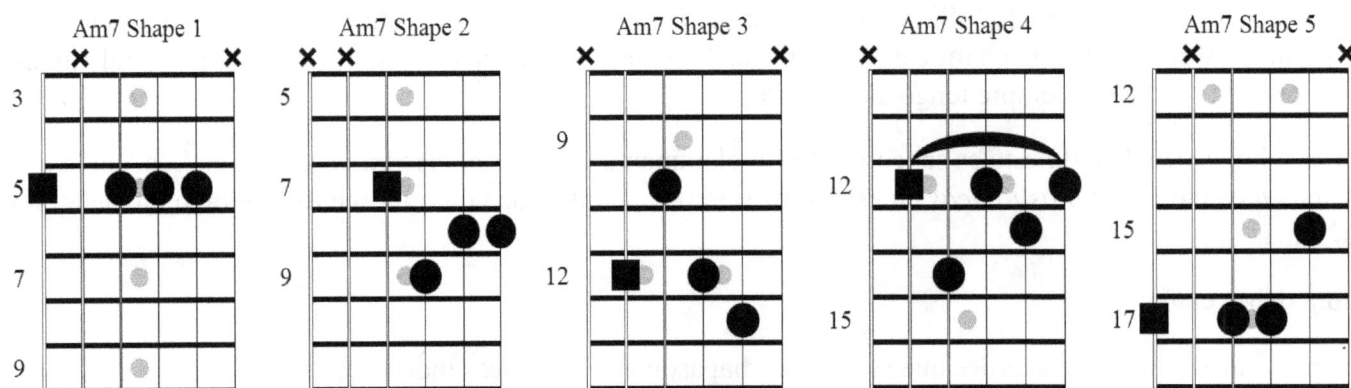

Am7 Shape 1   Am7 Shape 2   Am7 Shape 3   Am7 Shape 4   Am7 Shape 5

* La forma 5 es en realidad un acorde Lam11 (Am11) pero esto ayuda a aclarar las diferencias entre la forma 1 y la forma 5.

Te darás cuenta también de que hemos dejado de llamar a estos acordes forma C, forma A, etc. Ahora sólo son nombrados como forma 1, forma 2 y así sucesivamente.

Ejercicio 1.

Memoriza estos acordes.

Tócalos de forma individual, teniendo cuidado de notar los números de traste de la izquierda. Di "La Menor 7ma Forma *x*" a medida que tocas cada inversión del acorde.

Apréndelos ascendiendo por el diapasón como se muestra en el ejemplo 2a.

Am7 Shapes: 5 Inversions Low - High

Apréndelos descendiendo por el diapasón como se muestra en el ejemplo 2b.

Am7 Shapes: 5 Inversions High - Low

Tócalos en posiciones alternas, como en el ejemplo 2c.

Am7 Shapes: 5 Inversions Alterating

Ahora que has aprendido de memoria estas cinco inversiones de acordes importantes, es el momento de aprender las escalas pentatónicas menores que se ajustan alrededor de cada forma.

Para empezar, concéntrate en la forma 1. Aquí está el diagrama de acordes una vez más, y junto a él, he mostrado cómo La (A) Pentatónica Menor *va atada* a esta forma de acorde:

Am7 Shape 1   Am Pentatonic Shape 1

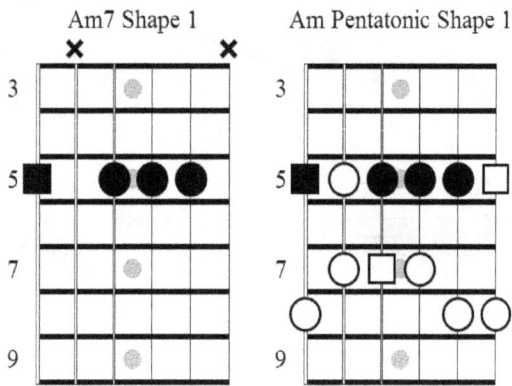

Está claro en los diagramas anteriores cómo La (A) Pentatónica Menor forma 1, se ajusta en, y alrededor, del acorde de Lam7 (Am7).

Los puntos oscuros muestran las notas que están en la cuerda y la escala.

Los puntos vacíos muestran los tonos de la escala.

Los puntos cuadrados son las tónicas de la cuerda/escala (en este caso, "La (A)").

Ejercicio 2.

Para desarrollar los vínculos visuales entre el acorde y la forma de escala, toca el ejemplo 2d:

A Minor Pentatonic

Am7 Shape 1   Am7 Shape 1

Así parezca tonto, cada vez que toques el acorde Lam7 (Am7), di "La menor 7ma" en voz alta.

Examinemos ahora esta idea con las otras cuatro formas de acordes:

Am7 Shape 2

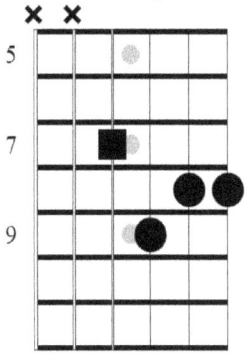

Am Pentatonic Shape 2

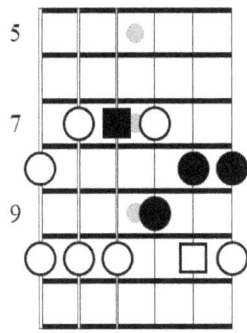

Am7 Shape 3

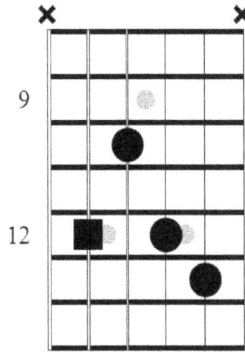

Am Pentatonic Shape 3

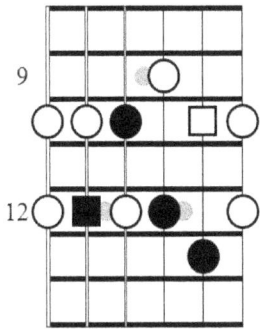

Am7 Shape 4

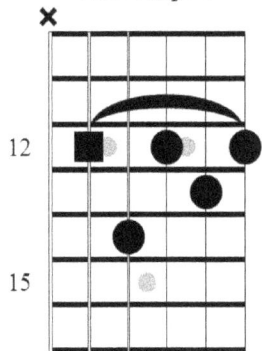

Am Pentatonic Shape 4

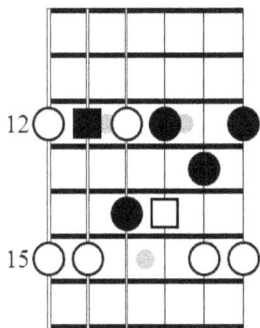

Am7 Shape 5

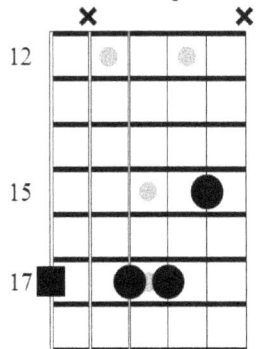

Am Pentatonic Shape 5

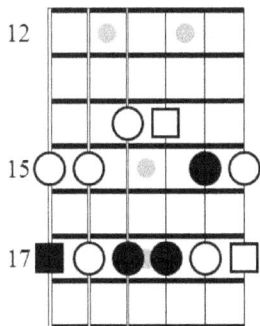

A medida que aprendas cada figura anterior, en tu imaginación visualiza los puntos oscuros en el diapasón. Tu capacidad de hacer esto mejorará rápidamente con la práctica.

El ejemplo 2e te enseña a practicar las otras posiciones de escala, tal como lo hicimos con la forma 1.

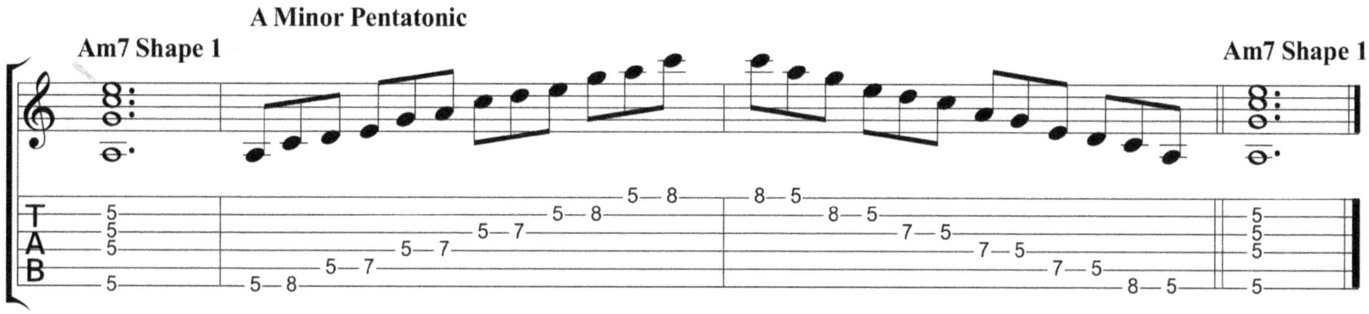

A Minor Pentatonic

Mira el ejemplo 2e. Ten en cuenta que cada vez que tocas la escala, *comenzarás a partir de la nota más grave en cada posición.* No empieces sólo desde la tónica.

La secuencia es

Tocar y decir el acorde.

Tocar la escala ascendiendo y descendiendo.

Tocar y decir el acorde.

Una vez que sientas suficiente confianza con esto, empieza a tocar cada posición pero con la escala descendiendo y luego ascendiendo.

He mostrado esta idea con la forma 3 en el ejemplo 2f:

Repite esto para las cinco posiciones.

Una vez que tengas esto bajo control, intenta el ejemplo 2g: este *súper* ejercicio pone todo junto.

Cuando puedas tocar el ejemplo 2g, haz el ejercicio anterior con escalas descendentes.

A Minor Pentatonic 5 Positions

```
T      _____5___8___8___5_____
A      _____5___7_____8___5___7___5_____
B      _____5___7_____7___5_____
       ___5___8_____7___5_____
                                                                    8___5____
```

```
T      _____8___10___10___8_____
A      _____7___9_____10___8___9___7_____
B      _____7___10_____10___7_____
       __8___10_____10___7_____
                                                                     10___8___
```

```
T      _____10___13___12___10_____
A      _____9___12_____13___10___12___9_____
B      _____10___12_____12___10_____
       __10___12_____12___10
```

```
T      _____12___15___15___12_____
A      _____13___15_____15___13___14___12_____
B      _____12___14_____14___12_____
       __12___15_____15___12____
                                                                       15___12
```

```
T      _____15___17___17___15_____
A      _____15___17_____17___15___17___14_____
B      _____14___17_____17___14_____
       __15___17_____17___15____
                                                                       17___15
```

Por último, practica este ejercicio ascendiendo en una forma y luego descendiendo en la siguiente como en el ejemplo 2h:

A Minor Pentatonic 5 Positions Ascend Then Descend

Para asegurarte de que estás tocando estos ejercicios correctamente, practícalos reproduciendo en el fondo los ejemplos de audio correspondientes. Intenta sincronizar con la guitarra grabada. Cuando te sientas seguro, ponles velocidad con un metrónomo.

Memorizar cualquier cosa puede tomar tiempo. Dedica un tiempo a este capítulo, ya que constituye la base de todo lo que vamos a hacer en el resto del libro.

En el próximo capítulo vamos a empezar a desarrollar tu vocabulario de guitarra blues enseñándote licks y frases musicales para cada forma.

Capítulo 3 – Licks Pentatónicos Menores En Cinco Formas

Tocar escalas no es tocar música. No tiene sentido aprender todas estas posiciones en la guitarra a menos que tengamos algo que *decir* en cada una. Todos tenemos que empezar en alguna parte con nuestro vocabulario, y al igual que aprendimos a hablar imitando a nuestros padres, aprendemos a tocar imitando a la gente que nos gusta escuchar.

Primero vamos a ver cinco licks pentatónicos para cada forma, recuerda visualizar cada forma de acorde del capítulo anterior en el diapasón a medida que utilizas estas líneas.

*** Los licks de blues son difíciles de escribir/leer con precisión en notación y en tablatura. Escucha y sincroniza tu forma de tocar con los ejemplos de audio para tener una idea del fraseo y matices reales. ***

Practica estas ideas aprendiendo primero una idea individual y, a continuación, tocándola sobre la Pista de Acompañamiento 1: *Blues Lento en La menor*. Trata de aprender una línea de cada forma primero, en lugar de aprender cinco líneas en una posición.

Toma turnos para tocar un lick en cada posición y ve avanzando por el diapasón. Cuando puedas hacer eso, pasa a aprender una nueva línea de cada forma y repite el ejercicio.

No seas demasiado estricto contigo mismo sobre el ritmo y el fraseo en esta etapa. Sólo estamos aprendiendo a mover posiciones.

En el capítulo 4 vamos a discutir algunos aspectos muy útiles para la práctica de estas líneas y la forma de utilizarlas para ser creativo en tus propios solos.

Licks Pentatónicos Menores - Forma 1

Am Pentatonic Shape 1

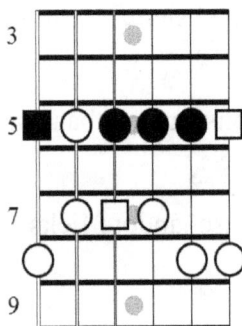

Aquí hay cinco líneas construidas entorno a la Forma 1. Todas las encuentras como ejemplos de audio.

Ejemplo 3.1a

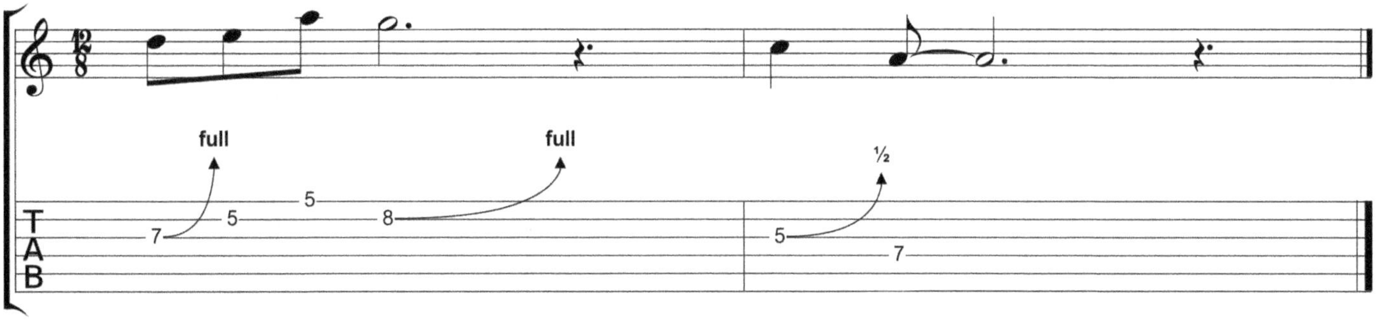

Ejemplo 3.1b

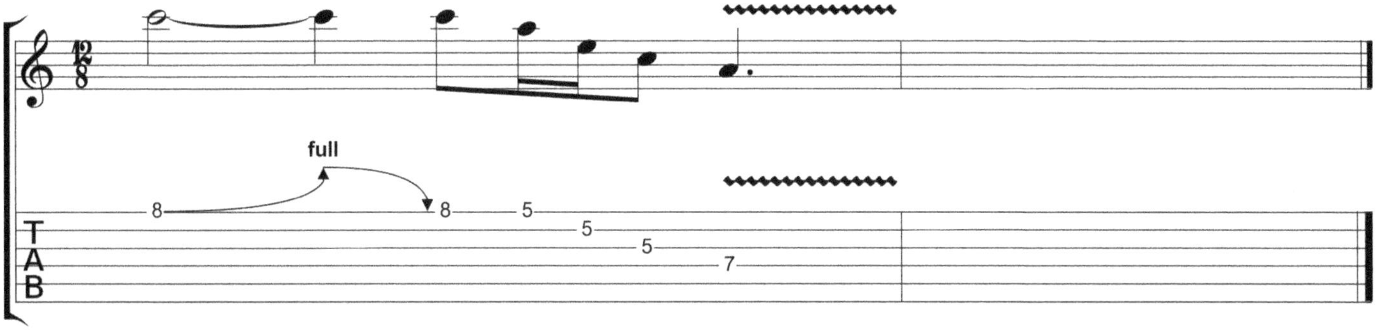

Ejemplo 3.1c

Ejemplo 3.1d

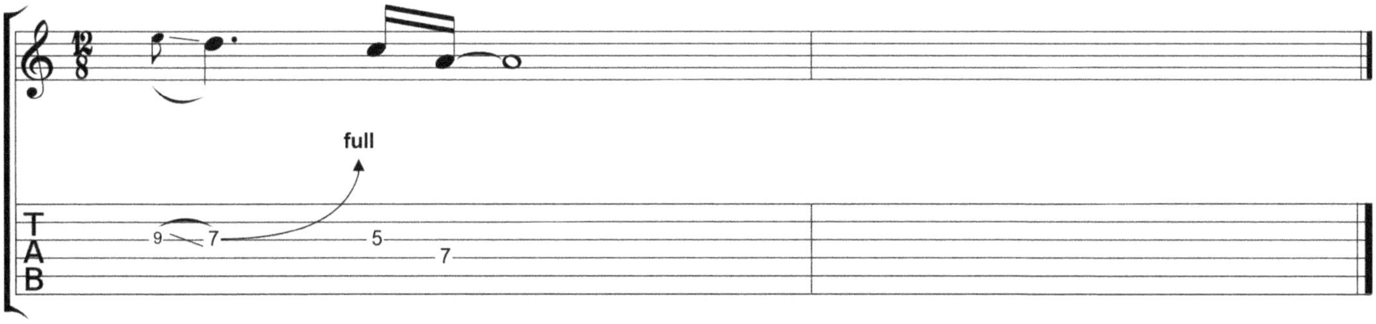

Ejemplo 3.1e

Licks Pentatónicos Menores - Forma 2

Am Pentatonic Shape 2

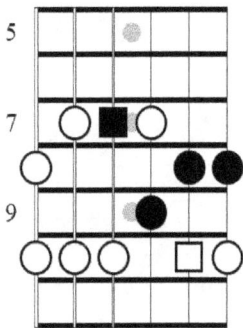

Aquí hay cinco líneas construidas entorno a la Forma 2. Todas las encuentras como ejemplos de audio.

Ejemplo 3.2a

Ejemplo 3.2b

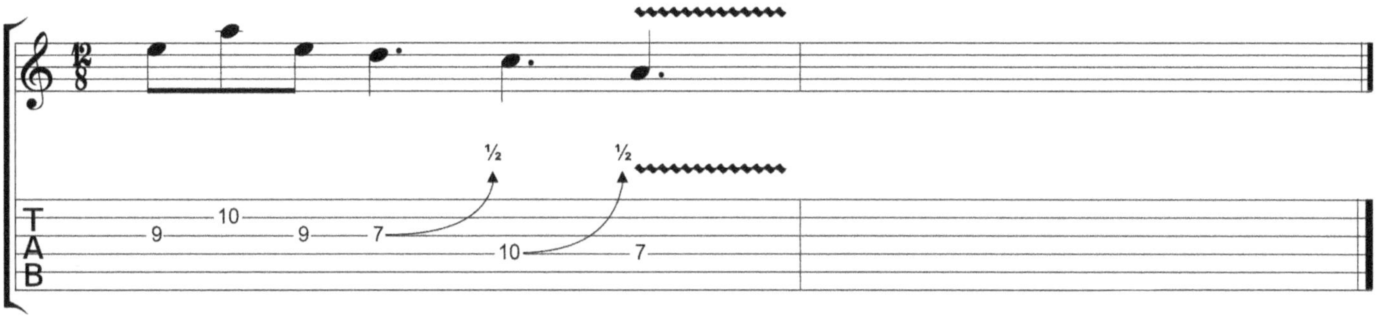

Ejemplo 3.2c

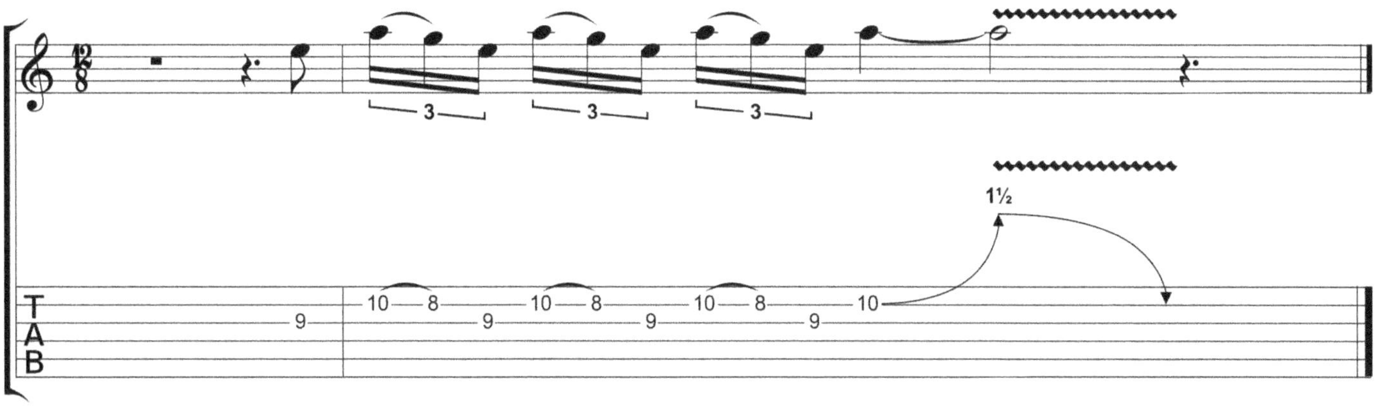

Ejemplo 3.2d

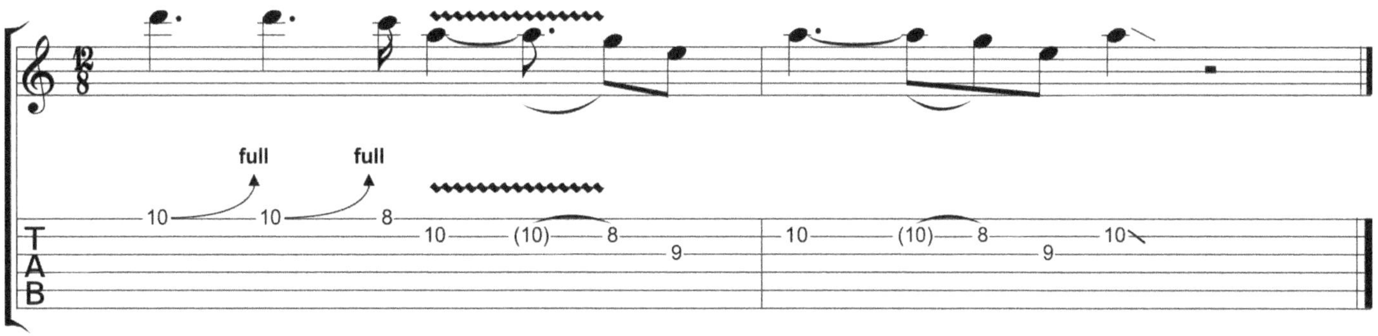

Ejemplo 3.2e

Licks Pentatónicos Menores - Forma 3

Am Pentatonic Shape 3

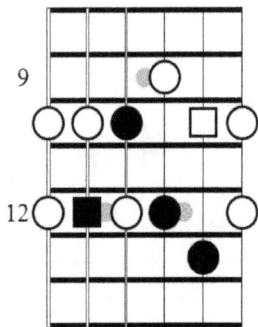

Aquí hay cinco líneas construidas en torno a la Forma 3. Todas las encuentras como ejemplos de audio.

Ejemplo 3.3a

Ejemplo 3.3b

Ejemplo 3.3c

Ejemplo 3.3d

Ejemplo 3.3e

Licks Pentatónicos Menores - Forma 4

Am Pentatonic Shape 4

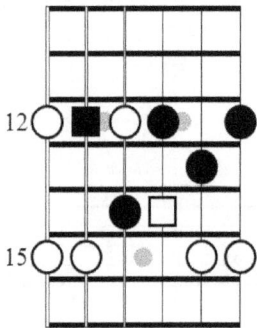

Aquí hay cinco líneas construidas en torno a la forma 4. Todas las encuentras como ejemplos de audio.

Ejemplo 3.4a

Ejemplo 3.4b

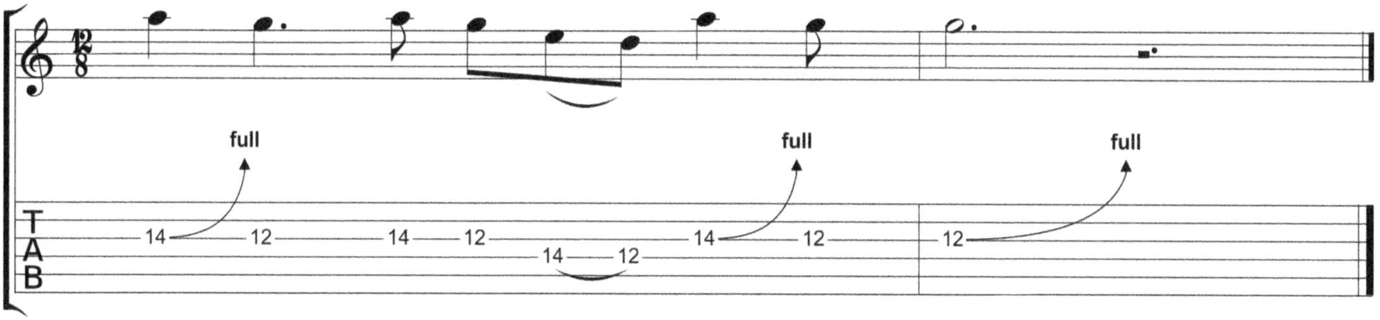

Ejemplo 3.4c

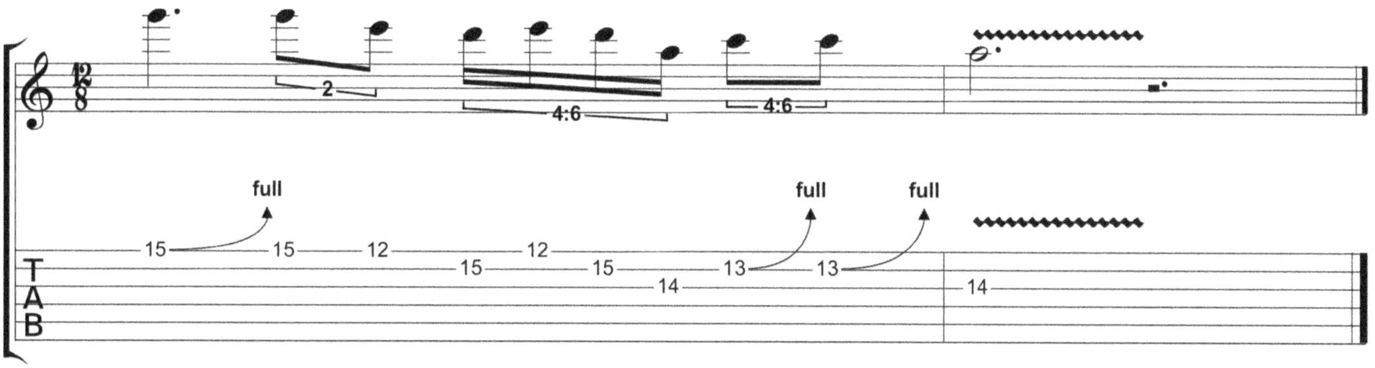

Ejemplo 3.4d

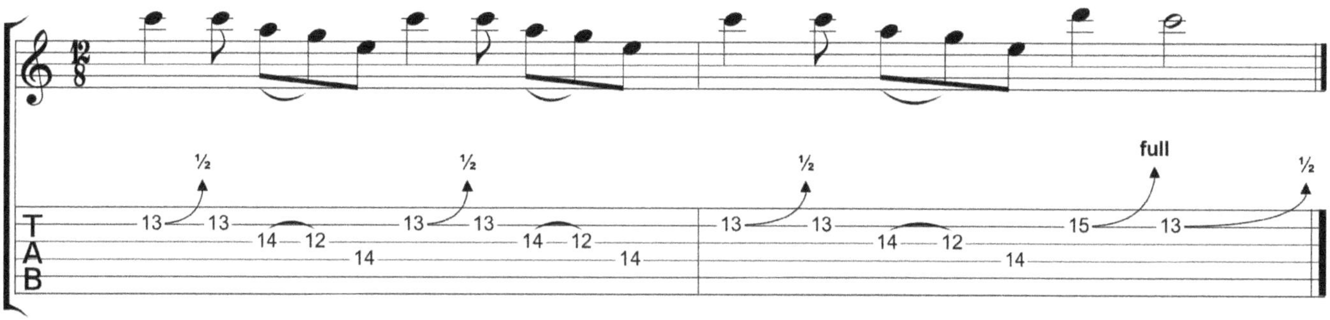

Ejemplo 3.4e

Licks Pentatónicos Menores - Forma 5

Am Pentatonic Shape 5

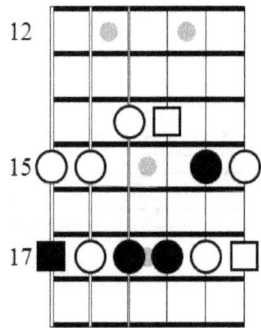

Aquí hay cinco líneas construidas entorno a la Forma 5. Todas las encuentras como ejemplos de audio.

Ejemplo 3.5a

Ejemplo 3.5b

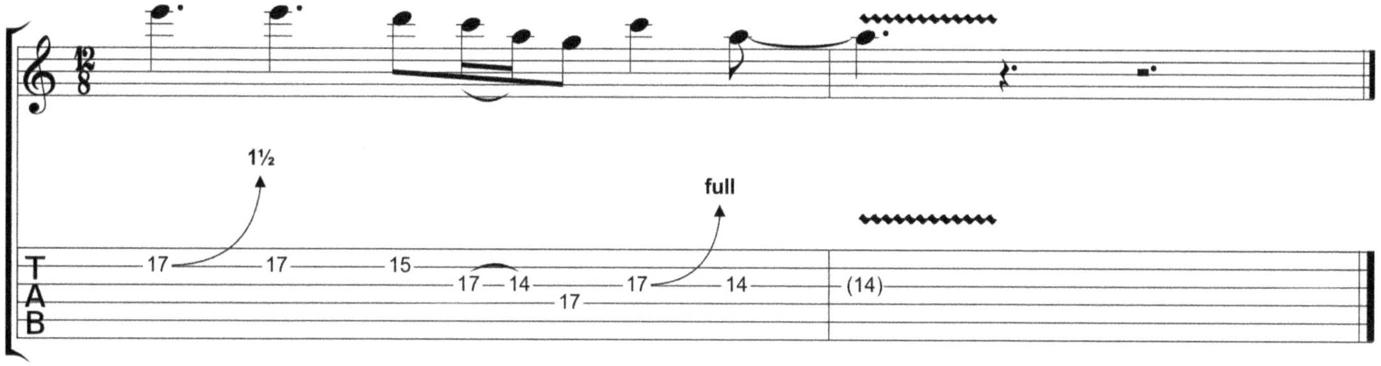

Ejemplo 3.5c

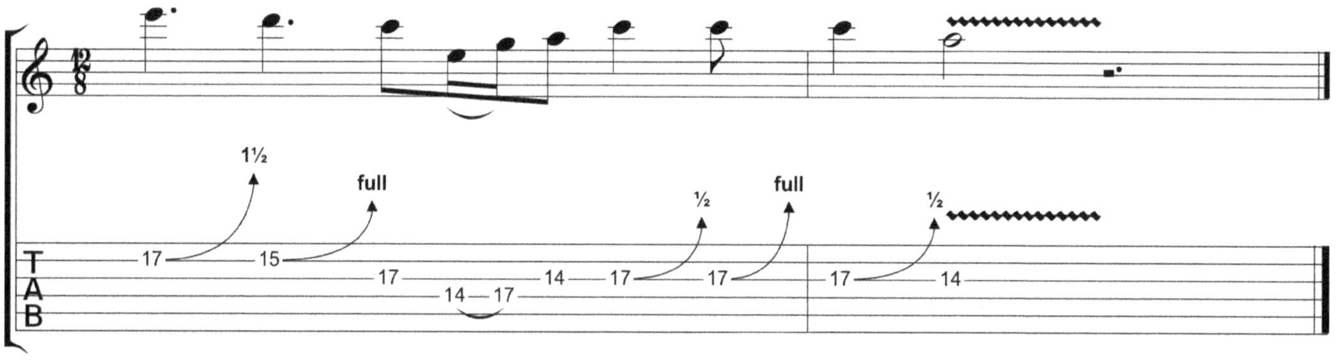

Ejemplo 3.5d

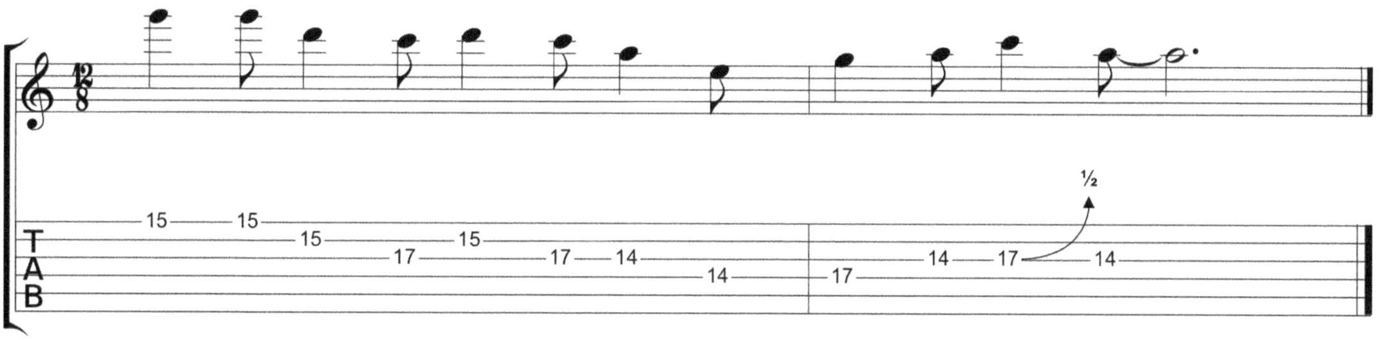

Ejemplo 3.5e

*** ¡Advertencia! - No seas demasiado estricto contigo mismo acerca de tocar los licks perfectamente. El blues se trata de fraseo e improvisación. No hay manera *correcta* de tocar cualquier lick, así que es mejor enfocarse en tocar una línea que suene suave y natural, y no perder el tiempo tratando de conseguir que tus líneas suenen exactamente como las mías. ¡Te doy permiso para cambiar mis líneas tanto como quieras! ***

Capítulo 4 – Cómo Practicar

Ahora ya tenemos el vocabulario específico que alude a las fortalezas de cada forma individual, y puedes buscar maneras de incorporar los licks en tus propios solos y hacerlos tuyos.

Hay un gran debate sobre el tema de los *licks* versus la *improvisación espontánea*, sin embargo creo que un buen solo es la combinación de ambos enfoques.

Cuando aprendiste a hablar, copiaste las extrañas palabras de tus padres, poco a poco las pusiste en oraciones y ahora ni siquiera tienes que pensar en cómo hablar. Tus propias ideas salen simplemente en la forma que quieres. Sin embargo, si no hubieras pasado por esa fase de "usar los licks de tus padres", nunca habrías desarrollado la capacidad de hablar en absoluto.

El siguiente sistema es una manera fantástica de hacer que tus licks tengan un sonido natural y también ayuda a incorporar nuevo vocabulario en tu forma de tocar, lo que hace que suene como propio. También te enseñará a desarrollar orgánicamente una idea en una forma verdaderamente musical.

En el primer ejercicio quiero que te concentres en una sola línea, intentemos con ésta del ejemplo 3.1a.

Como puedes ver, se trata de un lick de dos compases.

Tocaremos esta idea por un espacio de cuatro compases. Los dos primeros compases serán el lick; los dos segundos compases serán una frase de respuesta *improvisada*. El **ejemplo 4a** muestra cómo:

Comienza por poner la Pista de Acompañamiento 1: Blues Lento en La (A) menor y concéntrate en hacer bien el ejercicio. No te permitas empezar a tocar alrededor de las escalas. Asegúrate de ceñirte a hacer dos compases del lick, luego dos compases de tu frase de respuesta improvisada.

No te preocupes por ahora acerca de la *calidad* de la línea improvisada que toques, pero imagina que el lick en la primera mitad es una **pregunta** y tú estás tocando una **respuesta**. Hay millones de posibilidades.

Cuando te sientas cómodo con eso, pasa a las otras líneas en la tonalidad de La (A). Prueba con cada lick en cada una de las cinco posiciones. Recuerda, es fácil perder el enfoque y empezar a vagar, pero sigue esforzándote en volver de nuevo al ejercicio.

El segundo ejercicio que vamos a hacer se trata de revertir el ejercicio **4a**. Comienza con dos compases de improvisación y luego trata de integrarte a la perfección con el lick que aprendiste en el capítulo 3. El ejemplo 4b muestra cómo hacerlo:

Una vez más, intenta esto con cada lick en las cinco posiciones.

Por último, y lo más importante, mira el ejemplo 4c:

Como se puede ver, en este ejemplo empezamos con un pequeño fragmento de improvisación, lo integramos en una frase que conocemos y luego lo resolvemos con más improvisación.

Una vez que hayas hecho esto con todos los licks del capítulo 3, ya deberías estar en camino a tocar un solo de blues convincente.

Capítulo 5 – Cambio De Tonalidad Parte 1: Cinco Tonalidades En Una Posición

Ahora que puedes improvisar y tocar líneas utilizando las cinco formas de la escala Pentatónica Menor esparcidas por el diapasón, vamos a seguir con el tema muy importante de cambiar la tonalidad en una posición.

Si has tenido alguna experiencia tocando solos de blues anteriormente, es probable que hayas adoptado este enfoque:

Tocas en la tonalidad de La (A) – Utilizas la Forma 1 pentatónica en el 5to traste.

Tocas en la tonalidad de Mi (E) – Utilizas la Forma 1 pentatónica en el 12vo traste.

Tocas en la tonalidad de Sol (G) – Utilizas la Forma 1 pentatónica en el 3er o 15vo traste.

Aún cuando el enfoque anterior es técnicamente correcto y te permite "saltar directo a tu solo", probablemente veas que esto te limita un poco en cuanto a las áreas de la guitarra que utilizas, y los licks que terminas tocando.

Vamos a aprender a usar *todas* las cinco formas en cinco tonalidades diferentes mientras permanecemos en la misma posición (rango de trastes) en la guitarra.

Los cinco centros tonales diferentes que usaremos son **La (A), Do (C), Re (D), Fa (F) y Sol (G).**

Vamos a mantener la mano del diapasón únicamente en el rango de los trastes 5to al 8vo.

*** El secreto para cambiar las tonalidades es saber dónde están las tónicas de cada acorde en esta posición. ***

Root Notes A C D F G

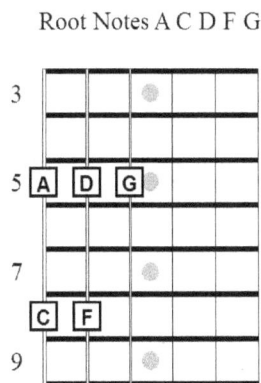

Las casillas resaltadas en el diagrama anterior muestran donde está la *tónica* de cada centro tonal en el diapasón entre los trastes 5to y 8vo. Por ejemplo, la nota "Sol (G)" se encuentra en la 4ta cuerda, 5to traste.

Ahora podemos ver donde está cada nota tónica, simplemente superponemos la forma de acorde apropiada del capítulo 2 de la siguiente manera, asegurándonos de que la tónica de cada una de las cinco formas de acordes se alinea con las tónicas mostradas anteriormente:

Am7 Shape 1   Cm7 Shape 5   Dm7 Shape 4   Fm7 Shape 3   Gm7 Shape 2

debes ser capaz de ver cada escala menor construida en torno al acorde, así:

Am Pentatonic Shape 1   Cm Pentatonic Shape 5   Dm Pentatonic Shape 4   Fm Pentatonic Shape 3   Gm Pentatonic Shape 2

El siguiente ejercicio te enseñará a tocar en cada centro tonal:

Al igual que hicimos en el capítulo 2, vamos a tocar cada forma Pentatónica Menor ascendiendo y descendiendo, pero esta vez tocamos en cada centro tonal correspondiente *sin mover nuestra posición de la mano en el diapasón* ... Primero en la tonalidad de La (A), luego Do (C), Re (D), Fa (F) y Sol (G).

Intenta primero sin una Pista de Acompañamiento. Comienza por tocar el acorde de Lam7 (Am7), luego asciende y desciende la escala de La (A) Pentatónica Menor. En seguida toca Dom7 (Cm7) y luego toca la escala Pentatónica Menor asociada. Haz esto con Rem7 (Dm7), Fam7 (Fm7) y Solm7 (Gm7) según corresponda. Se verá como el ejemplo 5a:

Tan pronto como te sientas capaz, prueba esta idea *sin* tocar el acorde primero, simplemente visualiza los cinco diferentes centros tónicos. Haz esto con la Pista de Acompañamiento 4 como se muestra en el ejemplo 5b:

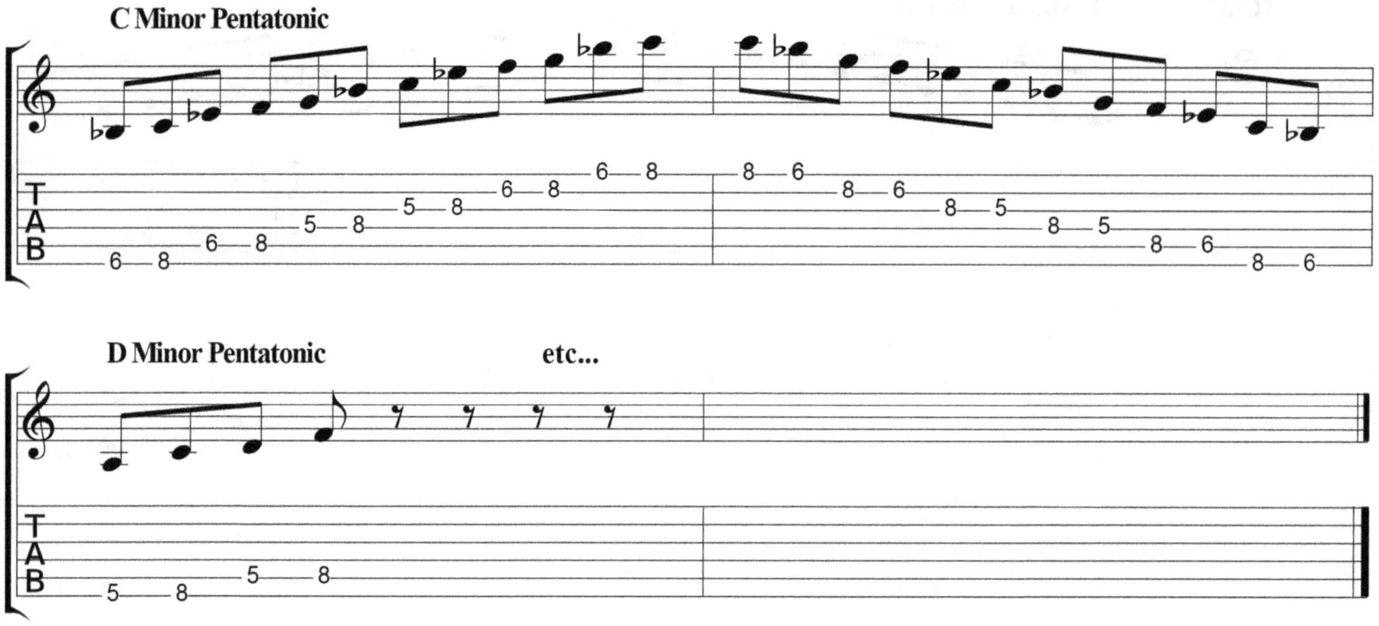

C Minor Pentatonic

D Minor Pentatonic　　　　　　　**etc...**

A medida que vas mejorando en tocar y visualizar las formas al mismo tiempo, pasa a tocar cada forma primero descendiendo y luego ascendiendo como en el ejemplo 5c:

A Minor Pentatonic

C Minor Pentatonic　　　　　　　　　　　　　　　　　　　**Etc....**

Esta vez asciende en una forma y desciende en la siguiente. Ten en cuenta que esta idea toma dos ciclos para completarse. Practica esta idea con la Pista de Acompañamiento 5 como se muestra en el ejemplo 5d:

Por último, utiliza la Pista de Acompañamiento 6, (acordes de 7ma dominante, dos compases por acorde). En vez de tocar escalas para cada cambio de tonalidad, intenta un lick corto en cada tonalidad correspondiente. Esto se muestra en el ejemplo 5e.

A Minor Pentatonic

C Minor Pentatonic

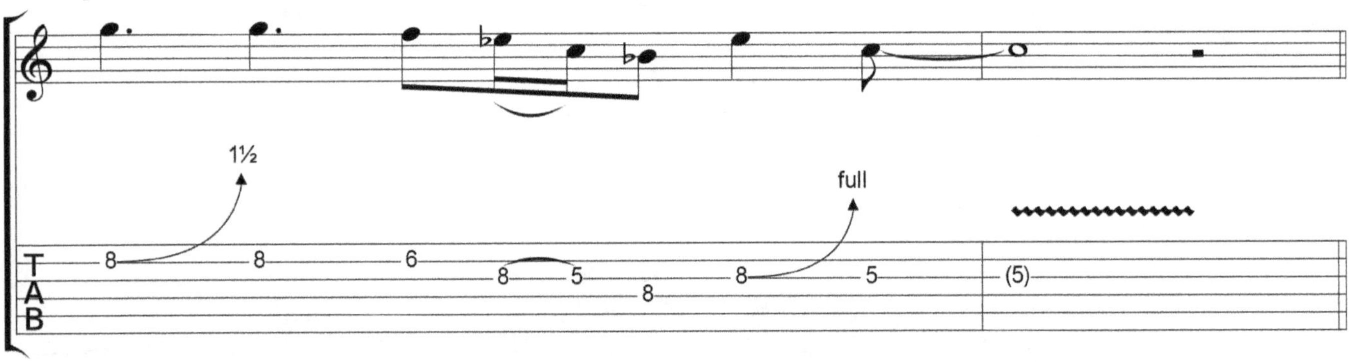

D Minor Pentatonic

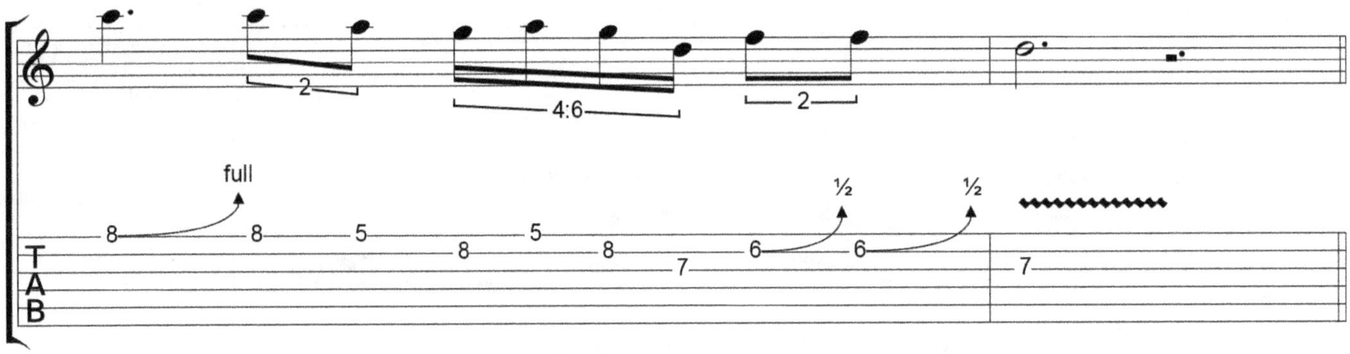

F Minor Pentatonic

G Minor Pentatonic

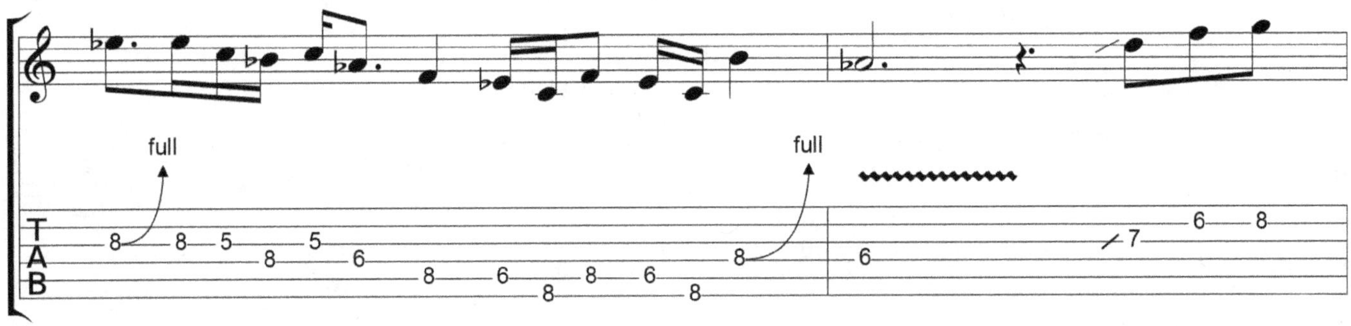

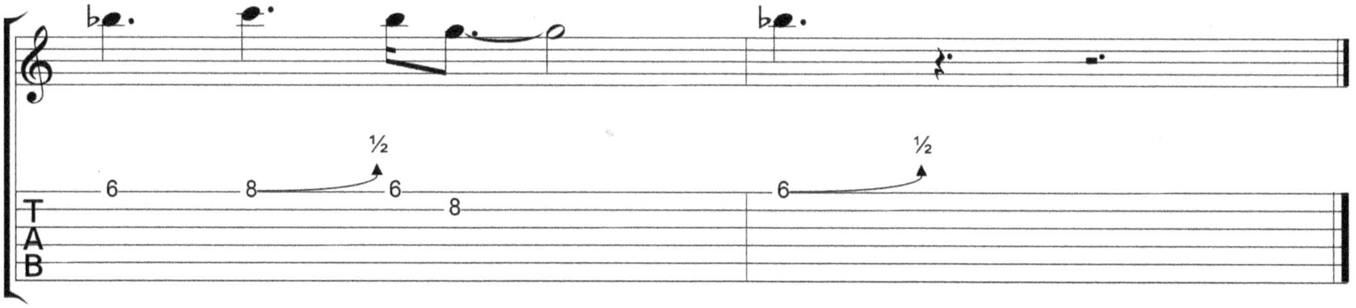
½
½
T
A
B

Capítulo 6 – Cambio De Tonalidad Parte 2: Otras Áreas Del Diapasón

Ahora que has hecho el trabajo duro en el capítulo 5, la habilidad de tocar en cualquier tonalidad en cualquier área del diapasón debe ser mucho más fácil.

Ahora entiendes el concepto de que se puede atar un lick o escala a una forma de acorde, sólo tienes que saber dónde está cada nota tónica en el diapasón. Hay cinco rangos de trastes (posiciones) en las cuales podemos tocar en la guitarra.

3-5

5-8

7-10

10-13

12-15

Discutimos 5-8 ampliamente en el capítulo anterior así que vamos a extender esta idea para el resto del diapasón.

Aquí están las ubicaciones de las notas tónicas La (A), Do (C), Re (D), Fa (F) y Sol (G) en todas las posiciones:

ACDFG 3rd-5th Fret   ACDFG 5th-8th Fret   ACDFG 7th-10th Fret   ACDFG 10th-13th Fret   ACDFG 12th-15th Fret

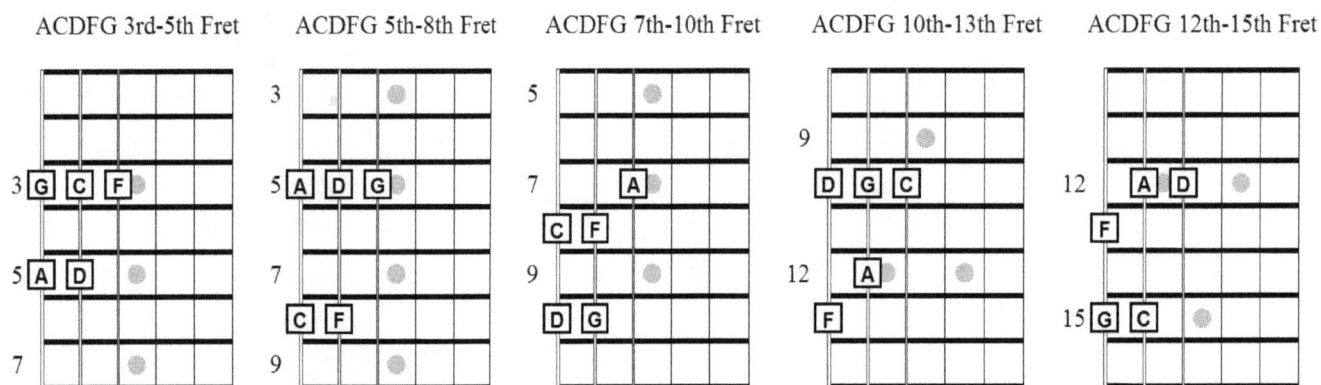

Así que, si estuvieras tocando alrededor de los **trastes 3ro al 5to** y estuvieras en la **tonalidad de Do (C)**, utilizarías los licks de la **forma 4** porque su nota tónica se alinea mejor con el Do (C) en la 5ta cuerda, 3er traste.

Si estuvieras tocando en el rango de los **trastes 12vo al 15vo** y estuvieras en la **tonalidad de Re (D)**, utilizarías los licks de la **forma 2,** porque la forma 2 es la que mejor se "ajusta" para cubrir la tónica en la 4ta cuerda, 12vo traste.

La tonalidad de Fa (F) en el rango de los **trastes 10mo al 13vo** estaría cubierta por todos los licks de blues de la forma 5.

Lo más importante es aprender las cinco notas *tónicas* en cada posición. Entonces podrás ver fácilmente la forma de acorde más apropiada que debes visualizar mientras tocas el solo.

Ahora que puedes ver las cinco notas tónicas en cada posición en la guitarra, regresa al capítulo 5 y toca todos los ejercicios en cada nueva posición, aún circulando alrededor de los centros tónicos La (A), Do (C), Re (D), Fa (F) y Sol (G).

Asciende y desciende cada tonalidad/forma correspondiente. (Pista de Acompañamiento 4)

Desciende y asciende cada tonalidad/forma correspondiente. (Pista de Acompañamiento 4)

Asciende en una tonalidad, desciende en la siguiente. (Pista de Acompañamiento 5)

Desciende en una tonalidad, asciende en la siguiente. (Pista de Acompañamiento 5)

Utiliza la Pista de Acompañamiento 6 con dos compases por acorde para tocar un lick por cada centro tonal.

Haz los cinco ejercicios anteriores en TODAS las cinco posiciones. Si aún no puedes ver las notas tónicas en el diapasón lo suficientemente bien, utiliza los diagramas de la página anterior para ayudarte. He incluido un ejemplo de cómo ascender y descender en cada tonalidad/forma en el rango de trastes del 10mo al 13vo para que empieces, en el ejemplo 6a.

A Minor Pentatonic

C Minor Pentatonic

D Minor Pentatonic

F Minor Pentatonic

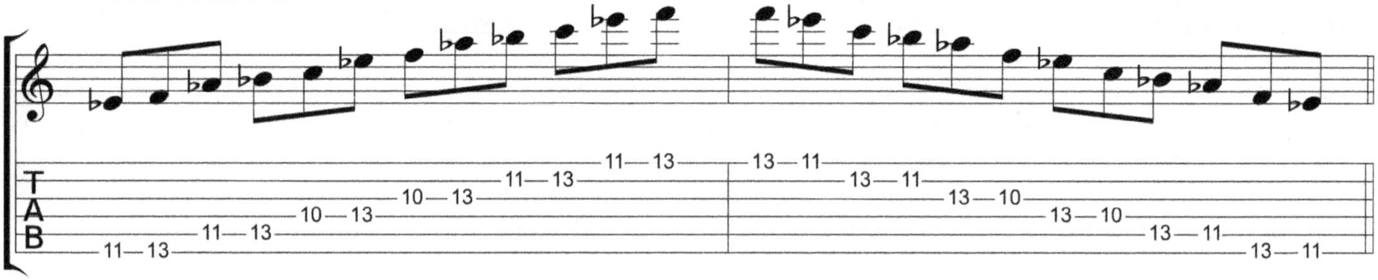

G Minor Pentatonic

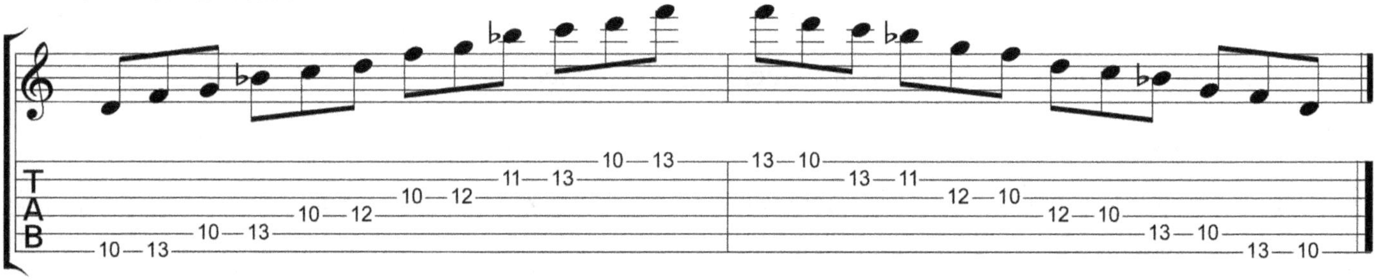

Capítulo 7 – La Escala De Blues

La escala de blues está fuertemente relacionada con la escala Pentatónica Menor, de hecho son exactamente lo mismo, excepto por la adición de una sola nota. Esta nota, sin embargo, es casi la que define un solo de blues.

Me aventuraría a decir que nunca he oído un solo de blues que no contenga esta nota adicional en algún momento.

Este no es un libro sobre teoría de la música, así que es fabuloso si entiendes que estamos agregando una b5 (quinta disminuida) a la escala Pentatónica Menor, de lo contrario, todo lo que necesitas saber es cómo tocar estos excelentes sonidos.

Vamos a comparar las notas de La (A) Pentatónica Menor con las notas de La (A) en escala de blues:

Am Pentatonic Shape 1   Am Blues Shape 1

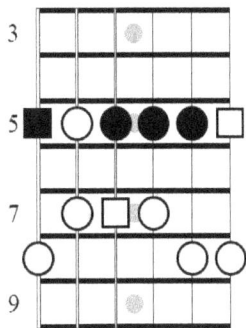

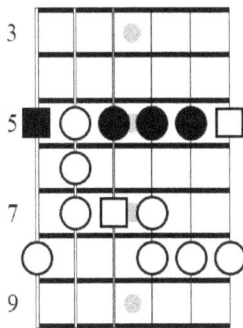

La nota adicional se encuentra en la octava más baja en la 5ta cuerda y en la octava superior en la 3ra cuerda.

Si bien puede parecer una pequeña adición, esta es una de las ideas más poderosas que podemos utilizar en los solos de blues.

Como has trabajado bastante en los capítulos 3 al 6 cuando estudiamos cómo utilizar cada forma de escala en cualquier tonalidad, entonces no necesitarías tener que hacer todo de nuevo. Esta vez simplemente quiero que aprendas donde se encuentran las adiciones de la nota de blues en cada una de las cinco formas. Aquí ves cómo cambian las otras cuatro formas:

Am Pentatonic Shape 2   Am Blues Shape 2

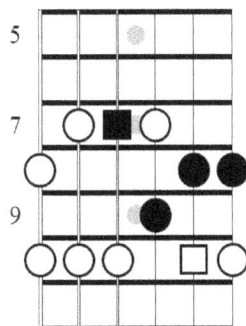

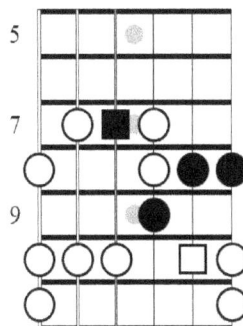

Am Pentatonic Shape 3   Am Blues Shape 3

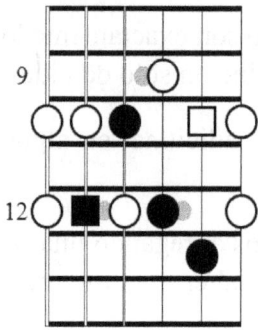

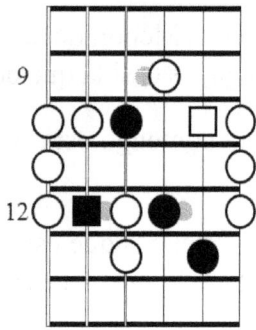

Am Pentatonic Shape 4   Am Blues Shape 4

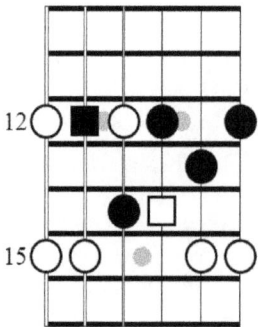

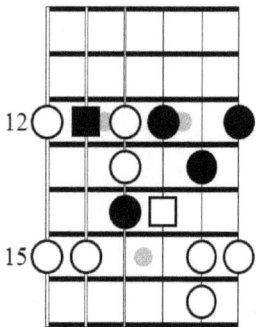

Am Pentatonic Shape 5   Am Blues Shape 5

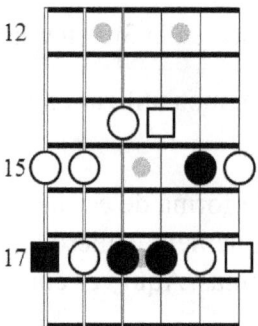

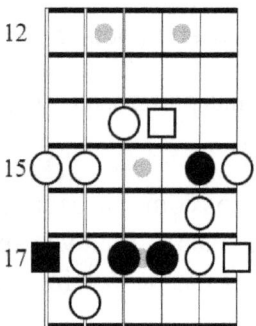

Cuando estés familiarizado con las variaciones de la nota de blues, empieza a examinar los licks para cada forma a continuación. Una vez más, hay cinco licks para cada forma. Observa cómo cada lick utiliza y resuelve la nota extra "b5".

Licks En Escala De Blues - Forma 1

Am Blues Shape 1

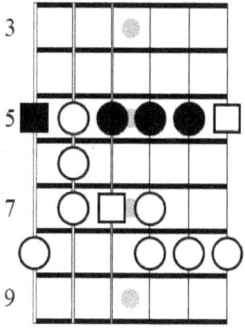

Ejemplo 7.1a

Ejemplo 7.1b

Ejemplo 7.1c

Ejemplo 7.1d

Ejemplo 7.1e

Licks En Escala De Blues - Forma 2

Am Blues Shape 2

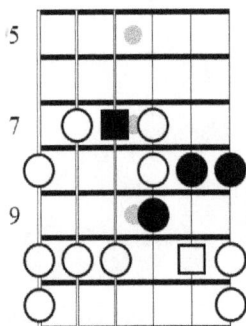

Ejemplo 7.2a

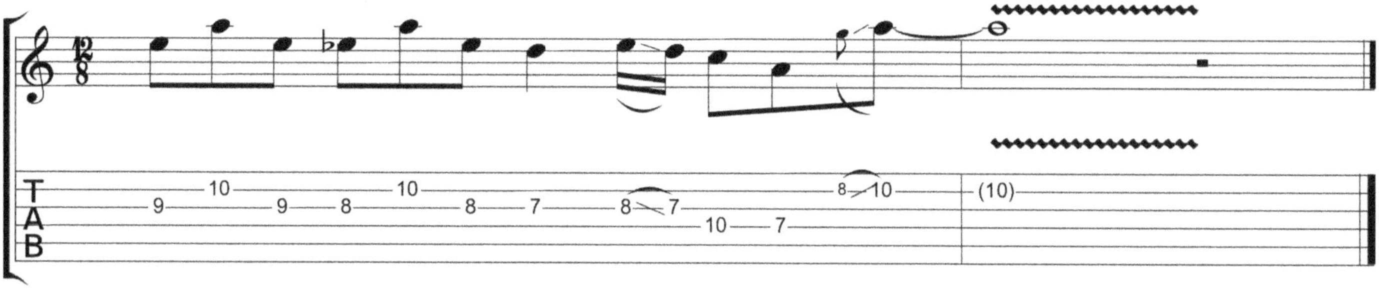

Ejemplo 7.2b

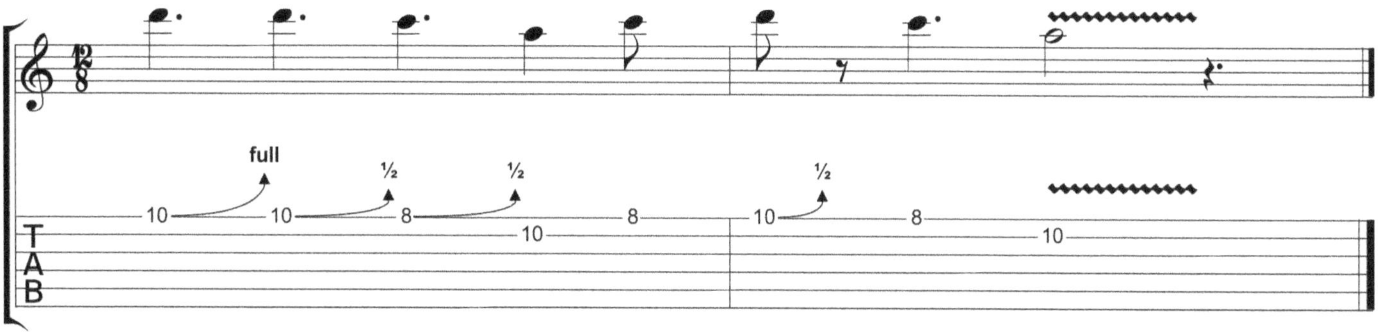

Ejemplo 7.2c

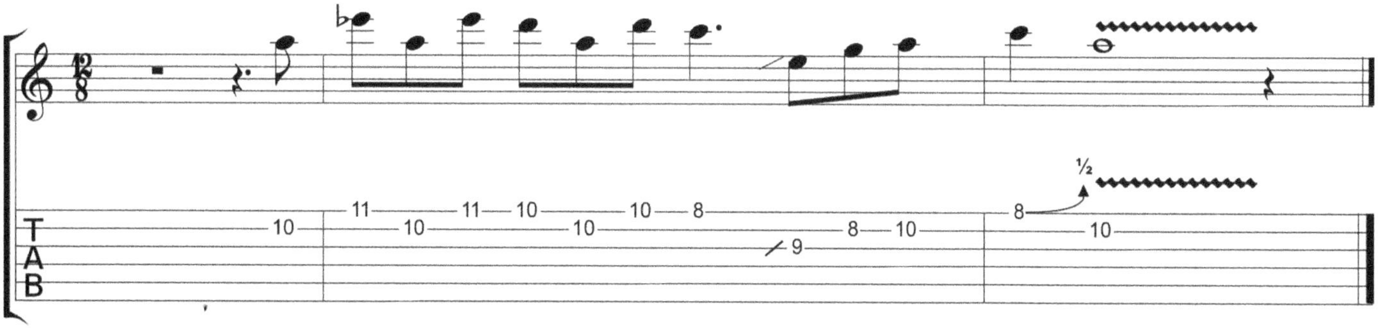

Ejemplo 7.2d

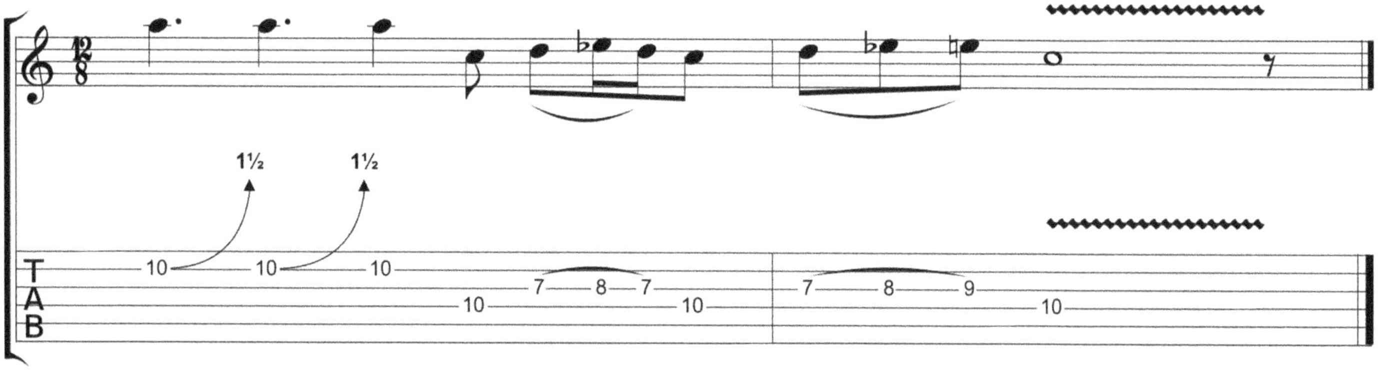

Ejemplo 7.2e

Licks En Escala De Blues - Forma 3

Am Blues Shape 3

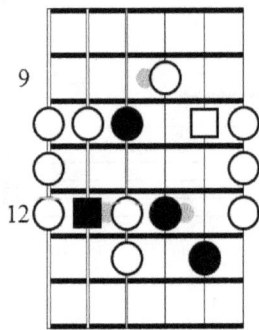

Ejemplo 7.3a

Ejemplo 7.3b

Ejemplo 7.3c

Ejemplo 7.3d

Ejemplo 7.3e

Licks En Escala De Blues - Forma 4

Am Blues Shape 4

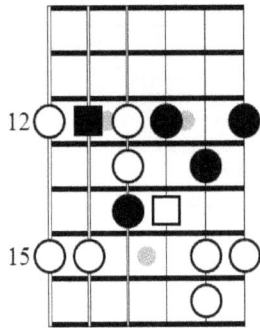

Ejemplo 7.4a

Ejemplo 7.4b

Ejemplo 7.4c

Ejemplo 7.4d

Ejemplo 7.4e

Licks En Escala De Blues - Forma 5

Am Blues Shape 5

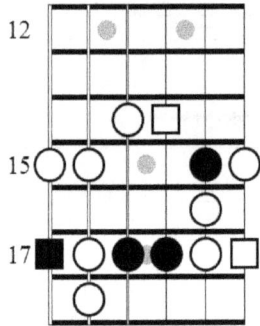

Ejemplo 7.5a

Ejemplo 7.5b

Ejemplo 7.5c

Ejemplo 7.5d

Ejemplo 7.5e

Capítulo 8 – El Blues En Cinco Tonalidades Diferentes

Los 25 licks anteriores son un gran punto de partida para tus propias improvisaciones; sin embargo, para *interiorizarlos* realmente es importante que los aprendas en torno a las formas de acordes como se explicó en los capítulos anteriores. Esto significa que debes ver cada lick que tocas en relación con el acorde menor de 7ma que visualizaste cuando aprendiste la escala de blues.

Puesto que tienes el ejercicio con La-Do-Re-Fa-Sol (ACDFG) fresco en tu mente a partir de los capítulos 5 y 6, vamos a utilizar este concepto una vez más para ayudarte a aprender los licks de blues en diferentes tonalidades y posiciones.

El siguiente ejercicio (que es similar al del capítulo 5) realmente te ayudará a hacer vínculos visuales fuertes entre las formas de acordes posicionales y la primera nota de cada línea que tocas.

Vamos a utilizar el ejercicio de tocar a través de cinco centros tónicos diferentes en cinco posiciones diferentes; pero en lugar de tocar escalas ascendentes simples, vamos a utilizar un lick de blues de cada una de las cinco formas.

Tenemos dos compases en cada centro tonal, La, Do, Re, Fa y Sol (A, C, D, F y G). Tu trabajo es, una vez más, permanecer en una sola posición, por ejemplo, del 5to al 8vo traste, y tocar un lick de blues para cada tonalidad. A continuación, he elegido una línea de cada forma que creo que es especialmente adecuada para este ejercicio. *Sin embargo*, a diferencia del capítulo 5, donde cambié la tonalidad de cada línea *por* ti, esta vez todas las líneas están escritas en tonalidad de La (A), y tu mismo debes trasponerlas (cambiar su tonalidad).

En primer lugar, asegúrate de estar familiarizado con estas cinco líneas en la tonalidad de La (A).

Am Blues Shape 1

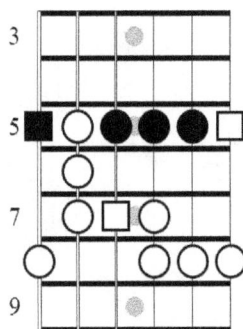

Am Blues Shape 2

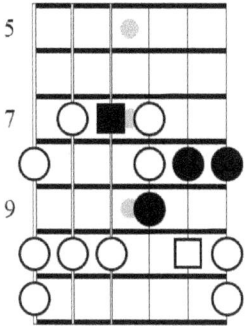

Am Blues Shape 3

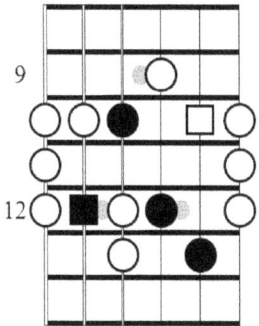

Am Blues Shape 4

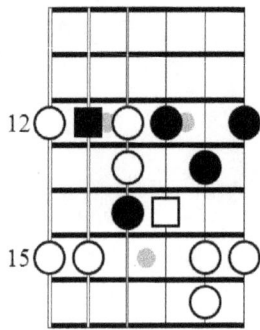

Am Blues Shape 5

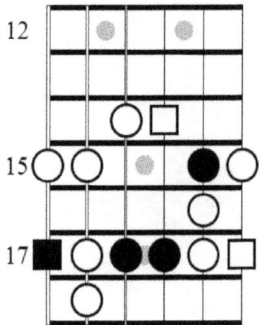

Ahora, la idea fundamental de este ejercicio es visualizar (y tocar) el acorde asociado a cada forma primero, y luego compararlo con la *primera* nota del lick asociado a esa forma.

Por ejemplo, en el lick de la forma 5 justo arriba de este párrafo:

Toca el acorde completo. Mantenlo pulsado.

Observa donde se encuentra la primera nota del lick en relación con el acorde. (En este caso, es en la segunda cuerda, dos trastes adelante de la nota del acorde.)

Entiende que cuando estás tocando en la forma 5, el inicio de ese lick estará siempre en el mismo lugar en relación con el acorde, en cualquier tonalidad que te encuentres.

Trata de mover el acorde del ejemplo anterior hasta el 8vo traste. Ahora estás tocando un acorde de Do (C) menor y el lick comenzará en el 8vo traste.

Prueba esta idea para los cinco licks de este capítulo. Práctica moviéndolos a diferentes tonalidades y cuando estés listo, reproduce la Pista de Acompañamiento 6 para que puedas practicar sobre la secuencia de La, Do, Re, Fa, Sol (A, C, D, F, G), cada acorde con una duración de dos compases. A medida que el acorde cambia, toca el nuevo lick en la tonalidad correcta en la **misma posición**. Esta es exactamente la misma idea que en el capítulo 5, ejemplo 5d.

Practica este ejercicio en todas las cinco posiciones en el diapasón.

Capítulo 9 – El Modo Mixolidio

El modo Mixolidio es un sonido extremadamente importante en el blues (y también en la guitarra rock). Rara vez se utiliza de manera aislada; sin embargo, cuando se combina con la escala de blues, da la tonalidad faltante que tus oídos pueden estar buscando.

La mayoría de los guitarristas utilizan o implican el modo Mixolidio cuando tocan un solo en estilo de blues o de rock, pero cuando se usa con moderación trae a la mente a intérpretes como Stevie Ray Vaughan, Jimi Hendrix y Joe Satriani, entre muchos otros.

Vamos a volver a tomar un enfoque de cinco posiciones para aprender esta escala y su vocabulario. En primer lugar vamos a aprender las cinco posiciones del acorde apropiado para visualizar cuando aprendamos la escala: el acorde de 7ma dominante.

La mayoría del blues se toca sobre el acorde de 7ma dominante (o "acorde 7"). Los verás escritos como "La7 (A7)" o "Mi7 (E7)", etc. El modo Mixolidio es la escala que describe con mayor precisión este sonido de acorde "7".

Aquí están las cinco formas de un acorde La7 (A7) "Mixolidio":

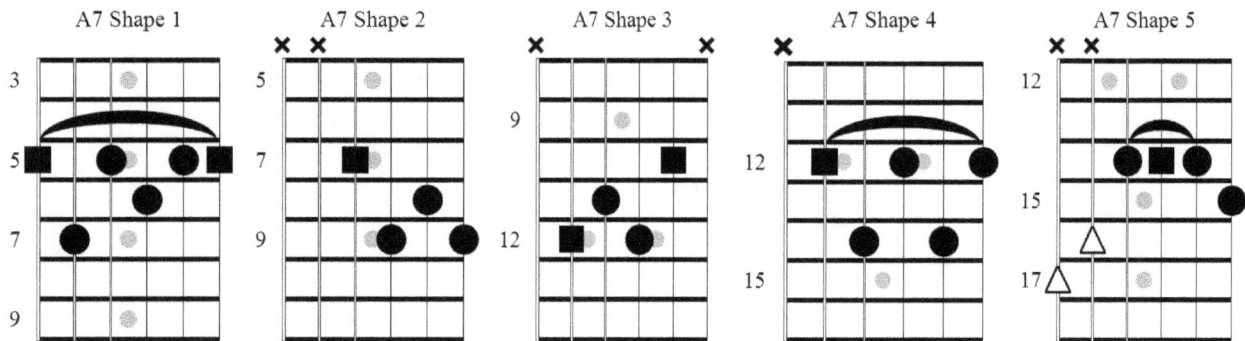

*** Importante. No toques las dos notas más graves de forma 5 (las de la 6ta y 5ta cuerdas). Sólo visualízalas mientras tocas las cuatro cuerdas altas como un acorde con cejilla. ***

Apréndelos como lo hiciste en el capítulo 1:

En primer lugar, memoriza estos acordes.

Tócalos de forma individual siendo cuidadoso de tener en cuenta los números de traste a la izquierda. Di "La7 Forma *x*" en voz alta a medida que tocas cada inversión de acorde.

Apréndelos ascendiendo el diapasón como se muestra en el ejemplo 9a.

A7 Shapes: 5 Inversions Low - High

Apréndelos descendiendo el diapasón como se muestra en el ejemplo 9b.

A7 Shapes: 5 Inversions High - Low

Tócalos alternando posiciones, como en el ejemplo 9c.

A7 Shapes: 5 Inversions Alterating

Una vez que sepas las formas *de memoria*, aprende la forma de escala para la posición uno. Vamos a usar esto como nuestra herramienta de trabajo para examinar cómo se utiliza el modo Mixolidio y para mostrar la forma en que se combina con la escala blues/pentatónica.

A7 Shape 1   A Mixolydian Shape 1

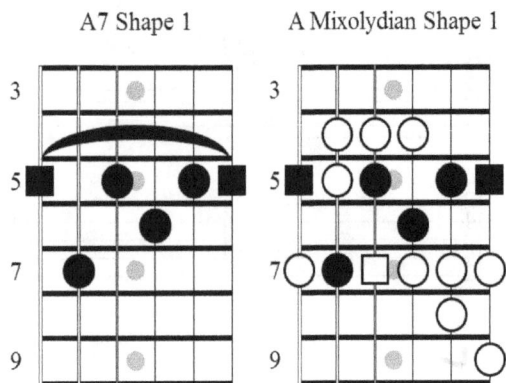

Cuando tengas el modo Mixolidio bajo control, quiero que lo compares con la escala de La (A) Pentatónica Menor. Trata de observar dónde están las diferencias mediante el estudio de las gráficas siguientes y toca las dos escalas en tu guitarra.

A Mixolydian Shape 1   Am Pentatonic Shape 1

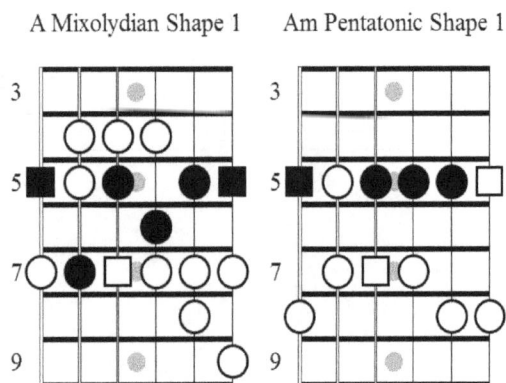

La diferencia más importante se encuentra en la 3ra cuerda. En el modo Mixolidio tocamos el 6to traste (Do #) y en la escala Pentatónica Menor tocamos los trastes 5to y 7mo (Do y Re). Esta es la diferencia que a menudo buscamos acentuar en nuestra interpretación del blues, y de hecho esta es la nota que suena tan bien cuando utilizamos las dos escalas juntas.

En la escala de La (A) Pentatónica Menor, la nota Do (C) es la nota *menor*. Está en la forma de acorde menor que asociamos con la escala en el capítulo 2.

En la escala de La (A) Mixolidia, la nota Do # (C #) es la nota *mayor*. Está en el acorde de La7 (A7) que asociamos con la escala.

La mayoría del blues se toca sobre acordes de 7ma dominante (o "7s"), y cuando usamos la escala Pentatónica Menor solemos halar ese Do (C) ligeramente hacia el Do # (C #) *mayor* con un bend.

Mira este lick del capítulo 3:

Mira la primera nota del segundo compás. Este es un claro ejemplo de la nota Do (C) siendo halada ligeramente hacia el Do # (C #) con un pequeño bend.

Otra forma de utilizar esta idea está en el siguiente ejemplo 9d:

La línea anterior comienza y termina con las ideas pentatónicas comunes, pero implica Mixolidio con el Do # (C #) en pulso 2+.

Esta es de lejos la aplicación más importante del modo Mixolidio. Cuando entiendas esto, podrás aplicarlo a todas las cinco formas para obtener un sonido blues de 7ma dominante instantáneo.

La "3ra Mayor" no es la única aplicación útil del modo Mixolidio. También hemos añadido, para enriquecer el "color" de las notas del La (A) pentatónico menor original, la 9na (Si) y la 13va (Fa #). Utilizamos estas notas para añadir profundidad a nuestras líneas de blues. Esto lo verás en el capítulo 11.

La música es orgánica, nunca habrá una manera directa de tocar esta escala sobre este acorde. En el capítulo 11 te he dado 25 licks Mixolidios de blues, cinco para cada forma, pero es importante que seas consciente de que en este estilo, las líneas normalmente se basan en una escala pentatónica/blues, con un par de notas de "color" del modo Mixolidio añadidas. Si tocas una escala Mixolidia completa sobre un blues, sonará frío e inadecuado.

Capítulo 10 – El Sistema CAGED Con El Modo Mixolidio

Ahora que ya entendemos cómo funciona el modo Mixolidio en el blues, vamos a aprender a tocar la escala en cinco formas diferentes y luego abordarla con el método La-Do-Re-Fa-Sol (ACDFG) del capítulo 2. Esto te dará la libertad para ver y tocar la escala, y el vocabulario asociado dondequiera que estés en el diapasón de la guitarra.

En primer lugar, aquí están las cinco formas de escala en la Tonalidad de La (A). Recuerda aprenderlas mientras visualizas el acorde de 7ma dominante asociado

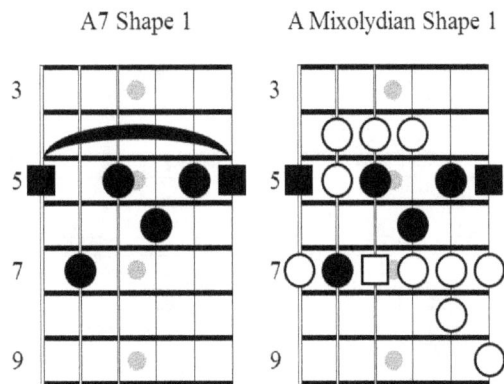

A7 Shape 1   A Mixolydian Shape 1

Recapitulemos el método para el aprendizaje de estas escalas en la tonalidad de A:

Para desarrollar los vínculos visuales entre las formas de acordes y de escala, primero toca la escala en la posición 1; ejemplo 10a:

A7 Shape 1

A7 Shape 1

Cada vez que toques el acorde de La7 (A7), di "La7" en voz alta.

Ahora examinemos esta idea con las otras cuatro formas de acordes:

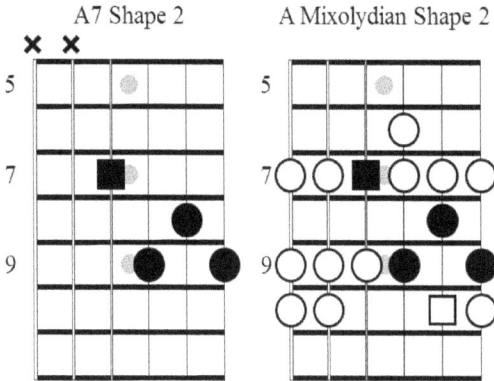

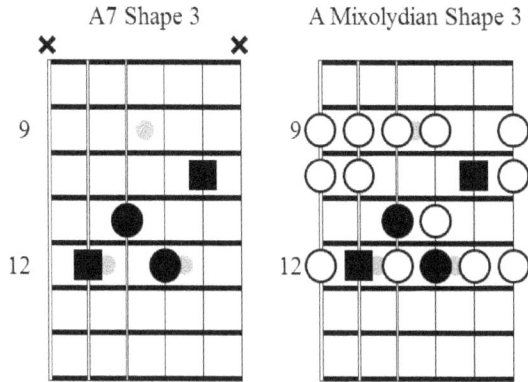

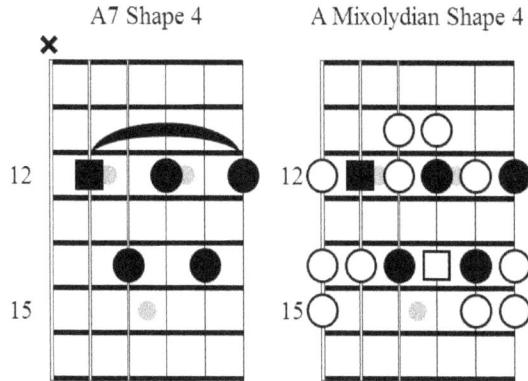

A7 Shape 2   A Mixolydian Shape 2

A7 Shape 3   A Mixolydian Shape 3

A7 Shape 4   A Mixolydian Shape 4

A7 Shape 5   A Mixolydian Shape 5

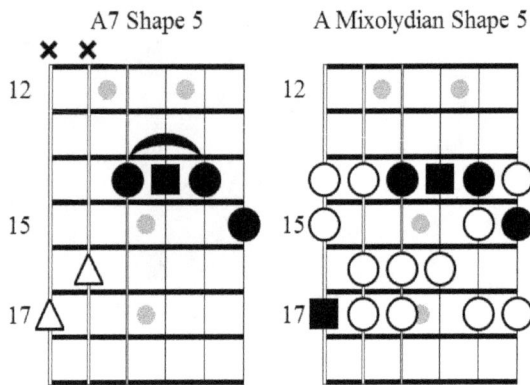

A medida que aprendas cada forma anterior, en tu imaginación visualiza los puntos oscuros en el diapasón de la guitarra. Tu capacidad para hacer esto mejorará rápidamente con la práctica.

El ejemplo 10b te enseña a practicar las otras posiciones de escala, tal como lo hicimos con la forma 1.

Ten en cuenta que cada vez que tocas la escala *comienzas a partir de la nota más grave en cada posición*. No empieces sólo desde la tónica.

La secuencia es

Tocar y decir el acorde.

Tocar la escala ascendiendo y descendiendo.

Tocar y decir el acorde.

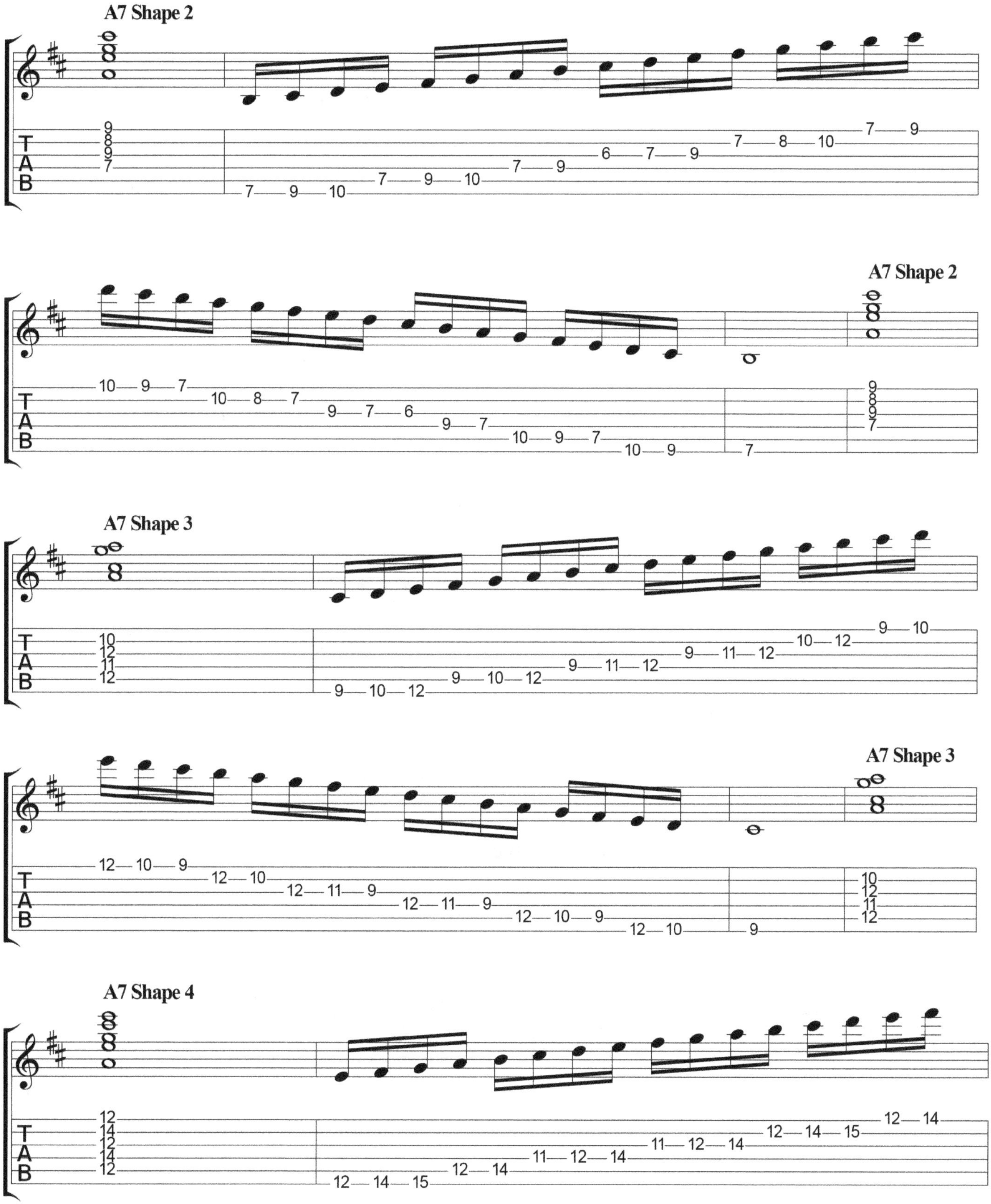

A7 Shape 2

A7 Shape 2

A7 Shape 3

A7 Shape 3

A7 Shape 4

A7 Shape 4

A7 Shape 5

A7 Shape 5

Una vez que te sientas razonablemente cómodo haciendo esto empieza a tocar en cada posición, pero con la escala descendente y luego ascendente.

He mostrado esta idea con la forma 3 en el ejemplo 10c:

A Mixolydian Shape 3 Descending Then Ascending

Repite esto para todas las cinco posiciones.

Una vez que tengas esto bajo control, intenta este *súper* ejercicio para unir todo junto en el ejemplo 10d:

A Mixolydian Shape 1

A Mixolydian Shape 2

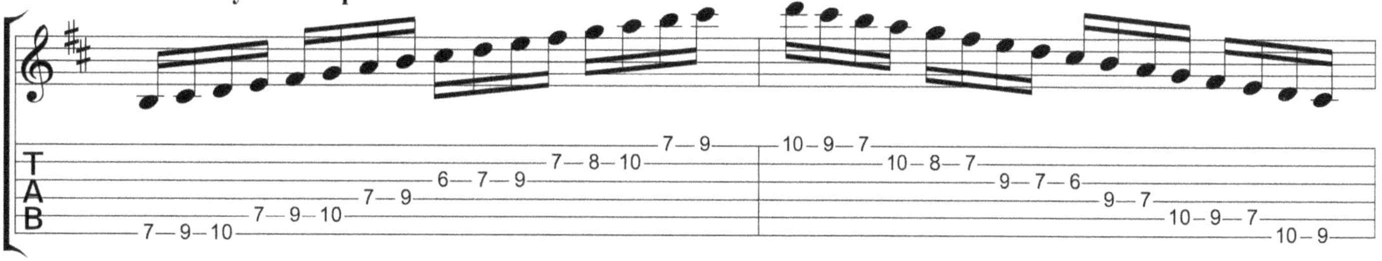

A Mixolydian Shape 3

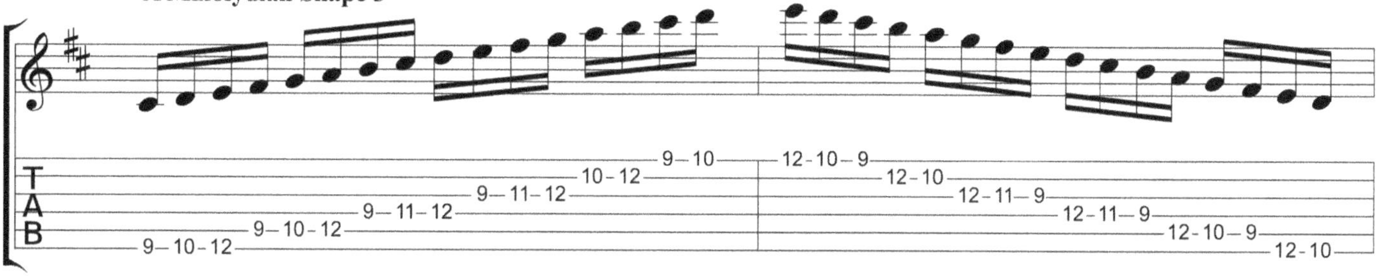

A Mixolydian Shape 4

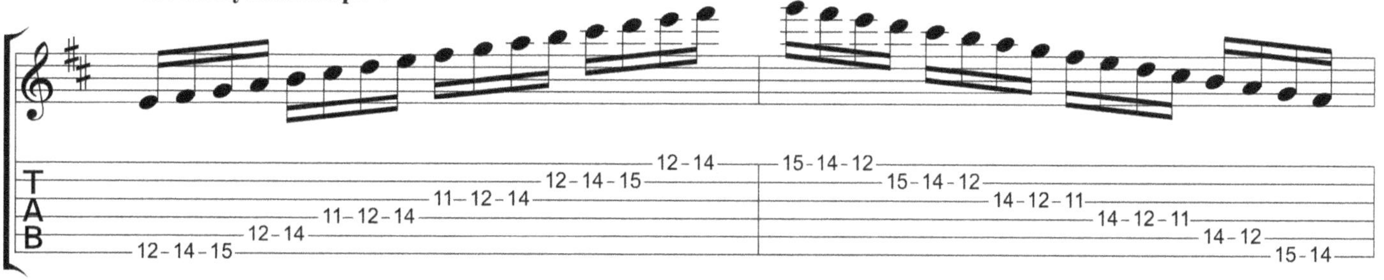

A Mixolydian Shape 5

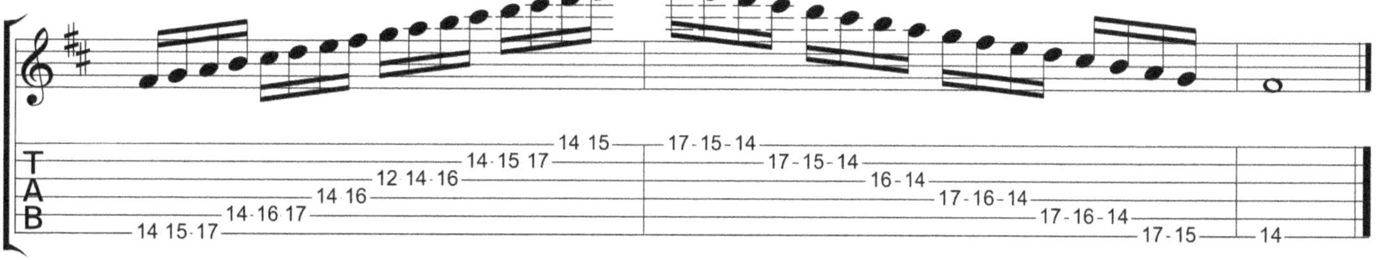

Haz el ejercicio anterior con escalas descendentes.

Por último, practica este ejercicio ascendiendo en una forma y luego descendiendo en la siguiente, como en el ejemplo 10e:

A Mixolydian Shape 1　　　　　　　　　**A Mixolydian Shape 2**

```
        5—7———10—9—7——
     5—7—8————10—8—7——
    4—6—7———————9—7—6——
  4—5—7——————————9—7——
4—5—7———————————10—9—7——
5—7———————————————10—9——
```

A Mixolydian Shape 3　　　　　　　　　**A Mixolydian Shape 4**

```
            9—10———15-14-12——
        10-12———15-14-12——
      9—11—12————14-12-11——
    9—11—12—————14-12-11——
  9—10—12——————————14-12——
9—10—12————————————15-14——
```

A Mixolydian Shape 5　　　　　　　　　etc.....

```
             14-15——
        14-15-17——
     12-14-16——
   14-16———
 14-16-17——
14-15-17——
```

De nuevo, ve a tu ritmo. Una idea reconfortante es que sólo se necesita aprender estas formas una vez. Utilizamos exactamente las mismas formas de escala tanto si tocamos un modo Mixolidio, Dórico o escala Mayor. Poner tu esfuerzo aquí traerá enormes beneficios para el resto de tu vida musical.

Capítulo 11 – Licks Mixolidios En Cinco Formas
Licks Mixolidios / Blues - Forma 1

A Mixolydian Shape 1   Am Blues Shape 1

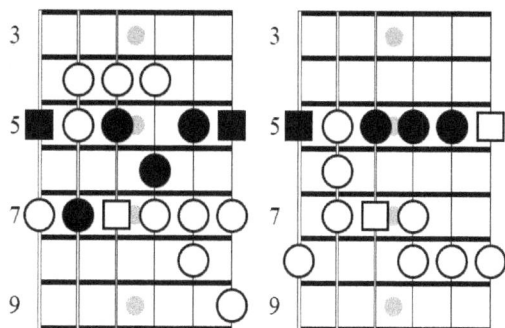

Ejemplo 11.1a

Ejemplo 11.1b

Ejemplo 11.1c

Ejemplo 11.1d

Ejemplo 11.1e

Licks Mixolidios / Blues - Forma 2

A Mixolydian Shape 2   Am Blues Shape 2

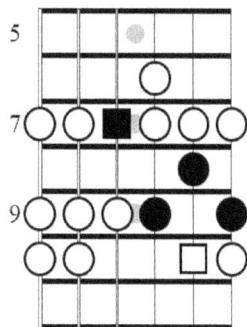

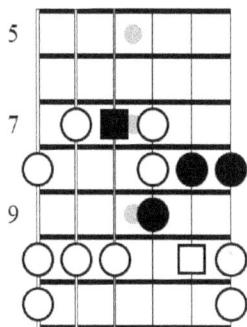

Ejemplo 11.2a

Ejemplo 11.2b

Ejemplo 11.2c

Ejemplo 11.2d

Ejemplo 11.2e

Licks Mixolidios / Blues - Forma 3

A Mixolydian Shape 3   Am Blues Shape 3

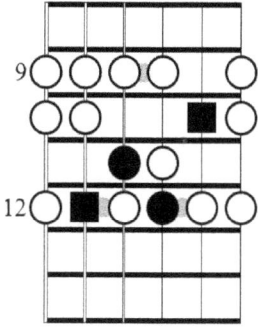

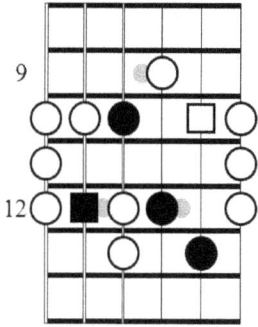

Ejemplo 11.3a

Ejemplo 11.3b

Ejemplo 11.3c

Ejemplo 11.3d

Ejemplo 11.3e

Licks Mixolidios / Blues - Forma 4

A Mixolydian Shape 4   Am Blues Shape 4

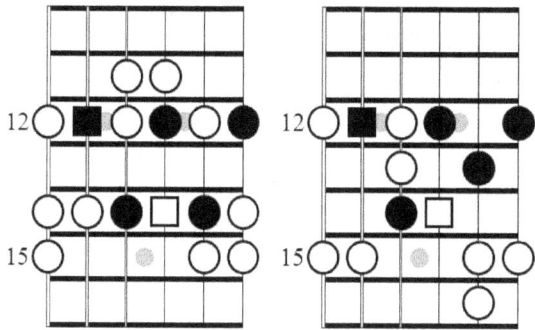

Ejemplo 11.4a

Ejemplo 11.4b

Ejemplo 11.4c

Ejemplo 11.4d

Ejemplo 11.4e

Licks Mixolidios / Blues - Forma 5

A Mixolydian Shape 5   Am Blues Shape 5

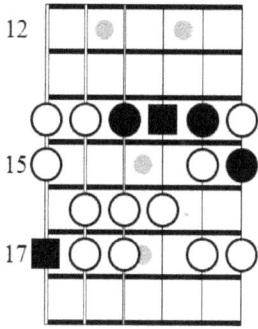

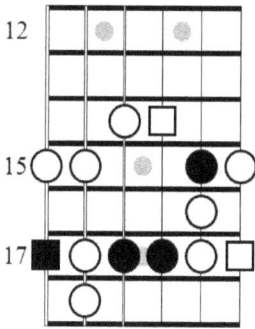

Ejemplo 11.5a

Ejemplo 11.5b

Ejemplo 11.5c

Ejemplo 11.5d

Ejemplo 11.5e

Practica y memoriza estas líneas de la misma forma que en el capítulo 4.

Capítulo 12 – La-Do-Re-Fa-Sol Con Mixolidio

Antes de empezar este capítulo, vuelve atrás y recapitula las ideas de los capítulos 5 y 6. Vas a aprender a hacer exactamente lo mismo con el modo Mixolidio.

Primero veamos el diapasón alrededor del los trastes 5to al 8vo:

Root Notes A C D F G

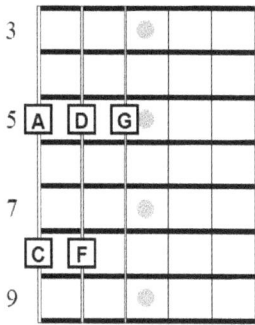

Ahora podemos alinear nuestras formas de acordes Mixolidios con cada nota tónica en esta área:

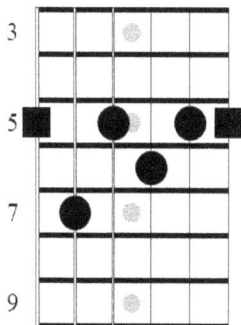
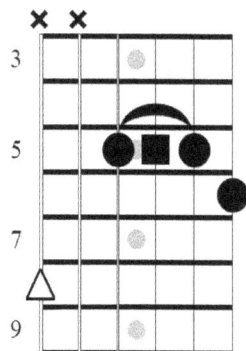
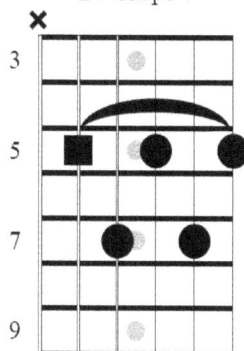

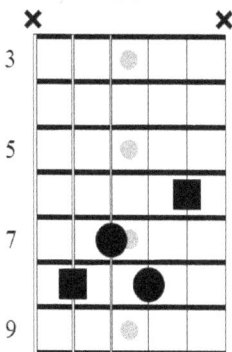
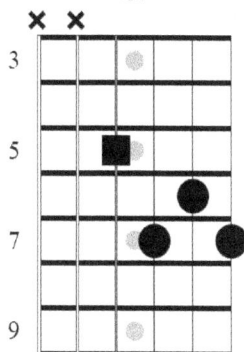

Ahora simplemente tienes que atar las formas de escala a cada acorde:

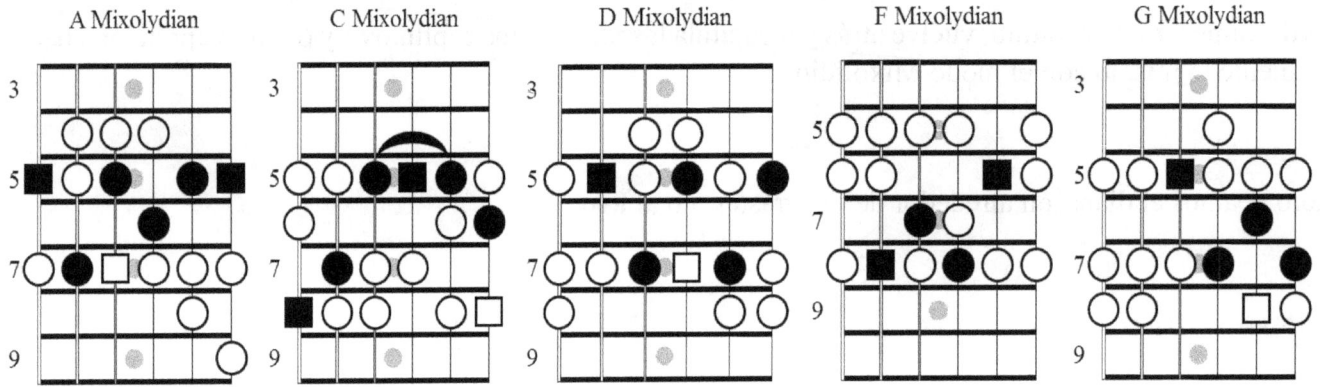

| A Mixolydian | C Mixolydian | D Mixolydian | F Mixolydian | G Mixolydian |

Tocaremos cada forma Mixolidia ascendiendo y descendiendo, pero esta vez tocamos en cada centro tonal correspondiente *sin mover la posición de nuestra mano en el diapasón* ... Primero en la tonalidad de La (A), luego Do (C), Re (D), Fa (F) y Sol (G).

Intenta primero sin la Pista de Acompañamiento. Comienza tocando el acorde de La7 (A7), luego asciende y desciende la escala de La (A) Mixolidia. En seguida, toca Do7 (C7) y luego toca la escala Mixolidia asociada. Haz lo mismo con Re7 (D7), Fa7 (F7) y Sol7 (G7) según corresponda. Se verá como el ejemplo 12a

A Mixolydian Shape 1

C Mixolydian Shape 5

D Mixolydian Shape 4

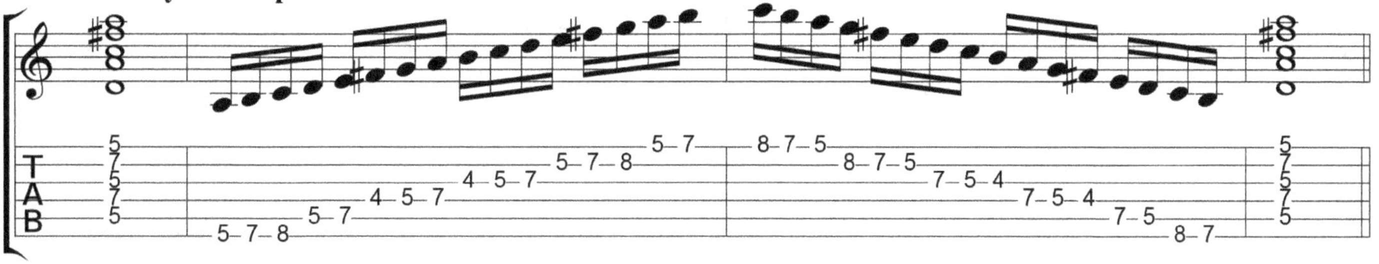

F Mixolydian Shape 3

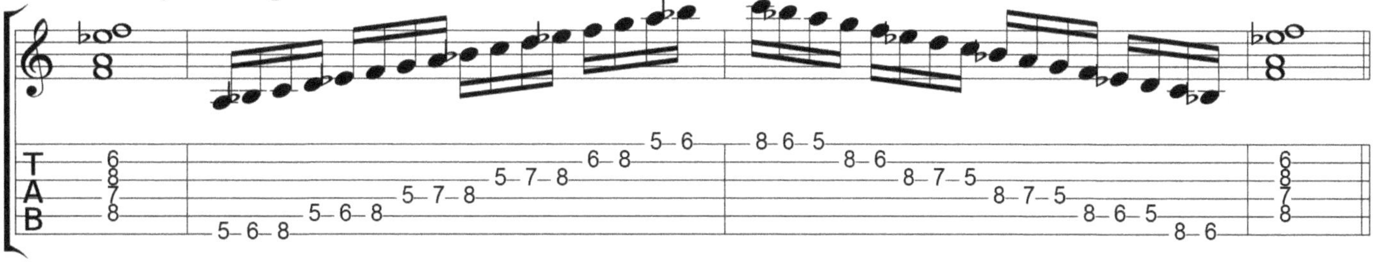

G Mixolydian Shape 2

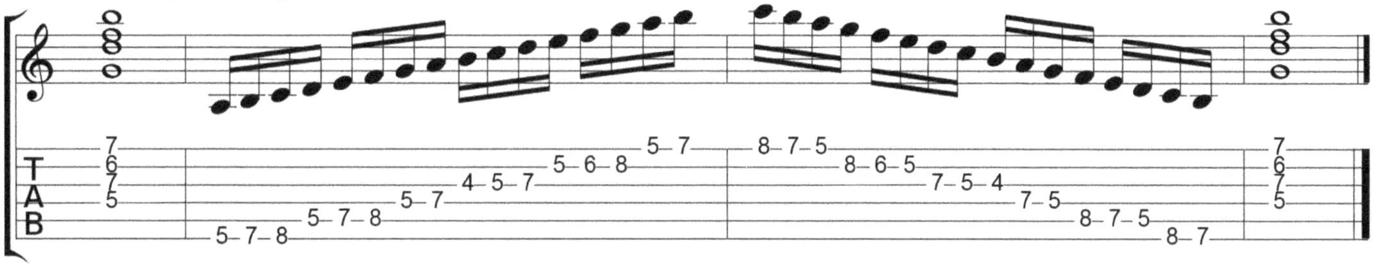

Tan pronto como te sientas capaz, prueba esta idea *sin* tocar el acorde primero, simplemente visualízalo mientras tocas los cinco diferentes centros tonales. Hazlo con la Pista de Acompañamiento 7 como se muestra en el ejemplo 12b:

A Mixolydian

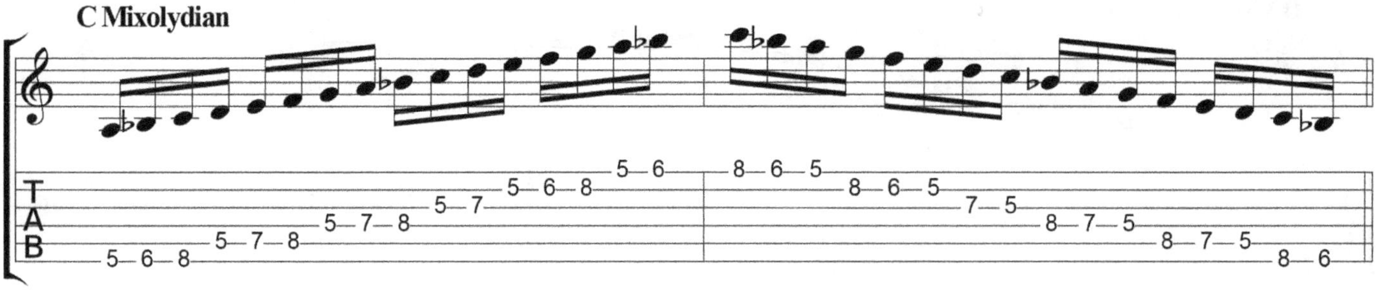

C Mixolydian

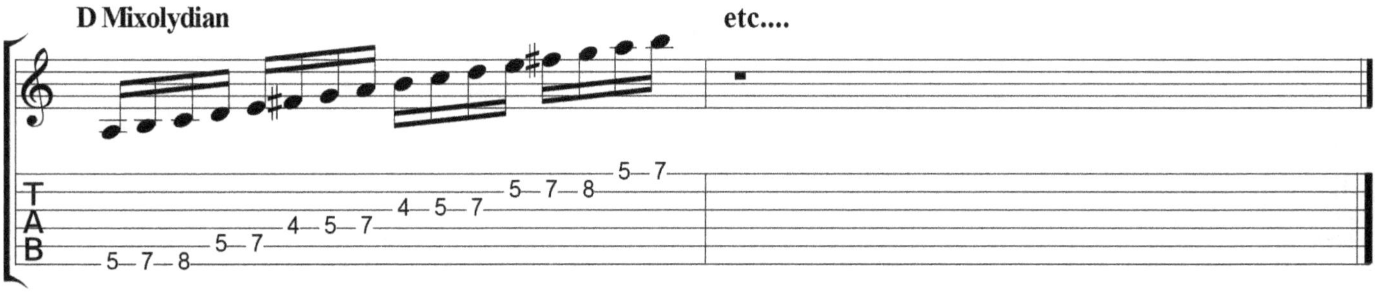

D Mixolydian   etc....

Como lo hemos hecho antes, continúa tocando cada escala de la secuencia descendiendo y ascendiendo desde la nota más alta en cada forma. Cuando lo hayas dominado, asciende en una forma y desciende en la siguiente, como en el ejemplo 12c:

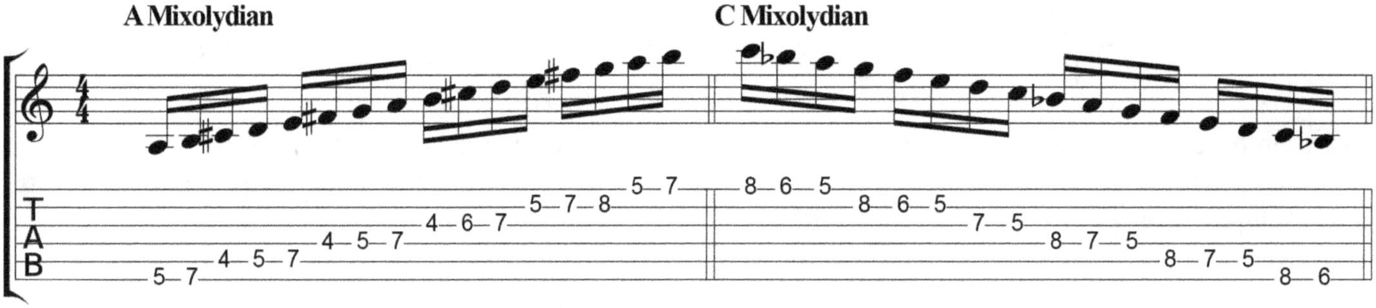

A Mixolydian   **C Mixolydian**

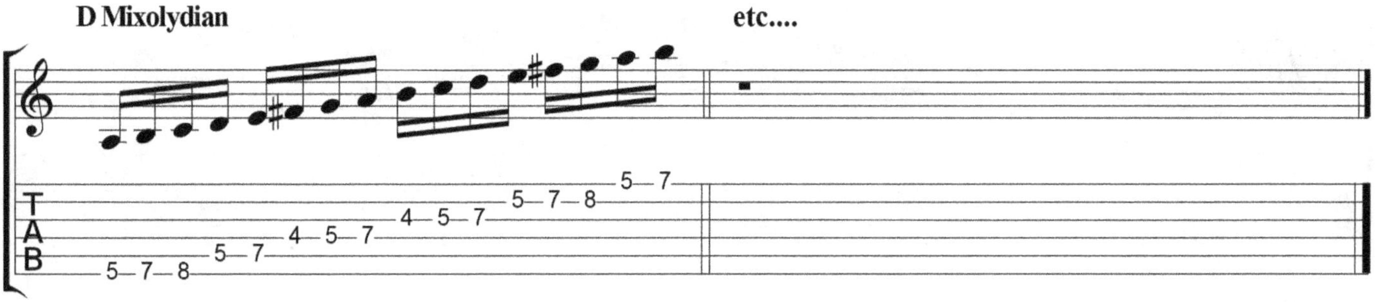

D Mixolydian   etc....

Por último, con la Pista de Acompañamiento 6, en vez de tocar una nueva escala Mixolidia para cada cambio de acorde, toca un *lick* Mixolidio apropiado para cada forma/tonalidad. No muevas la mano del área de los trastes 5to al 8vo.

Elige un lick que sepas muy bien para cada forma de escala, y añade gradualmente más y más improvisaciólibre. Un ejemplo podría ser el ejemplo 12d:

A Mixolydian

C Mixolydian

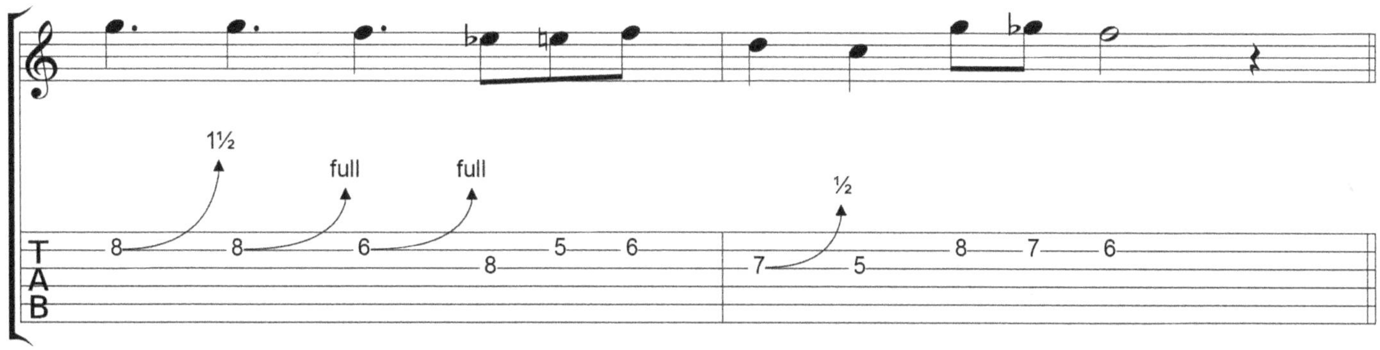

D Mixolydian

F Mixolydian

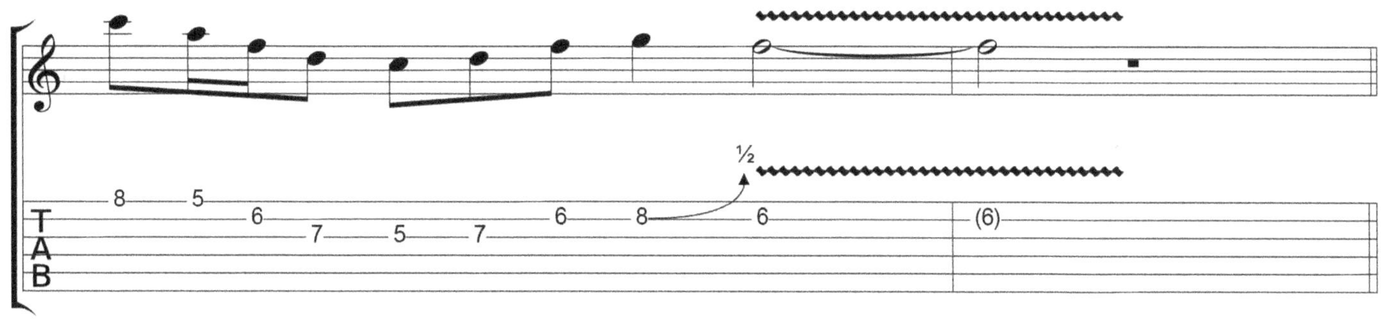

G Mixolydian

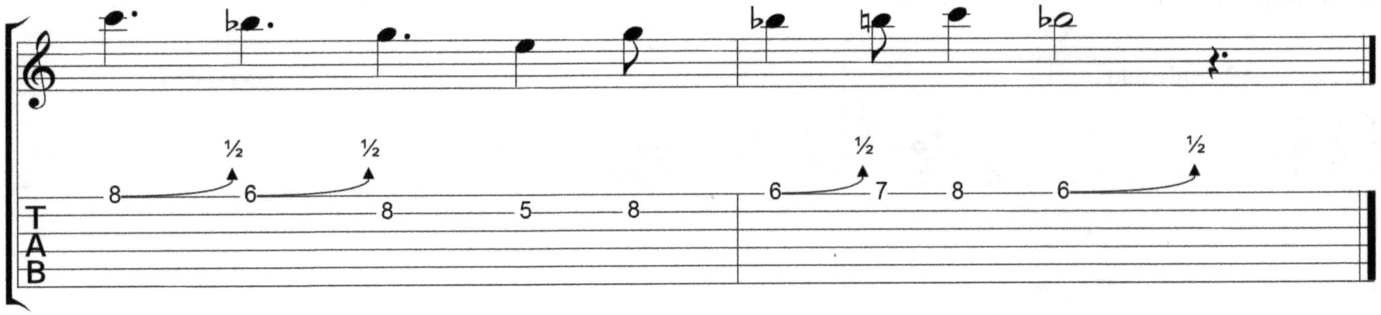

Capítulo 13 – La Escala Pentatónica Mayor

La escala Pentatónica Mayor es una manera maravillosa y sencilla de agregar color a tu manera de tocar blues. Es un contraste cálido con la escala de blues Pentatónica Menor y se utiliza a menudo justo en seguida de la Pentatónica Menor para "levantar el ánimo" de repente en un solo, haciéndolo sonar más alegre en el territorio de las mayores.

Lo *mejor* acerca de la escala Pentatónica Mayor es que utiliza *exactamente* las mismas formas que la escala Pentatónica Menor, pero éstas simplemente se desplazan hacia atrás tres trastes. Por ejemplo, compara lo siguiente:

Am Pentatonic Shape 1   A Major Pentatonic Shape 5

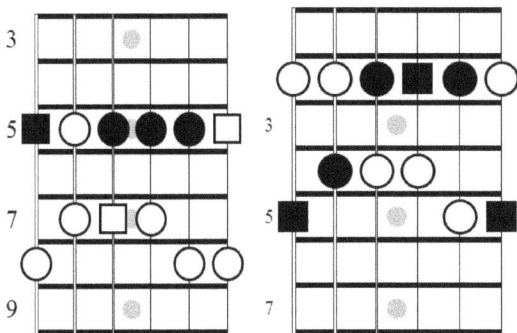

Una de las maneras más fáciles de tocar líneas de La (A) Pentatónica Mayor es simplemente mover las líneas pentatónicas menores tres trastes atrás. Tienes que ser un poco cuidadoso a veces, pero si dejas que tu oído te guíe no te equivocarás en la práctica. Por ejemplo, mira el ejemplo 13a

Este es exactamente el mismo lick pentatónico tocado dos veces, la segunda vez se desplaza hacia atrás tres semitonos para crear el sonido Pentatónico Mayor.

Aunque las escalas pentatónicas mayores y menores pueden verse iguales en el papel, son escalas que suenan muy diferente. De hecho, la Pentatónica Mayor tiene más en común con el modo Mixolidio del capítulo 9 que con la Pentatónica Menor. Esto es evidente cuando comparamos las dos escalas:

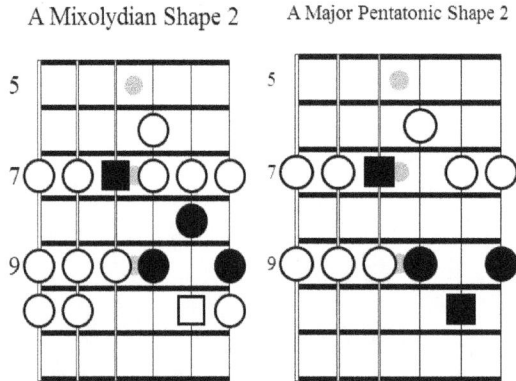

A Mixolydian Shape 2   A Major Pentatonic Shape 2

Si eliminas las notas en el 8vo traste en las cuerdas 5ta y 6ta verás que son la misma escala. La escala Pentatónica Mayor es como un modo Mixolidio simplificado.

Si bien es un truco muy útil poder mover tus líneas pentatónicas menores tres trastes atrás, obviamente es importante poder ver la escala Pentatónica Mayor como una entidad en sí misma. Apréndela con el sistema La-Do-Re-Fa-Sol (ACDFG). Aquí están las formas pentatónicas mayores con sus acordes asociados:

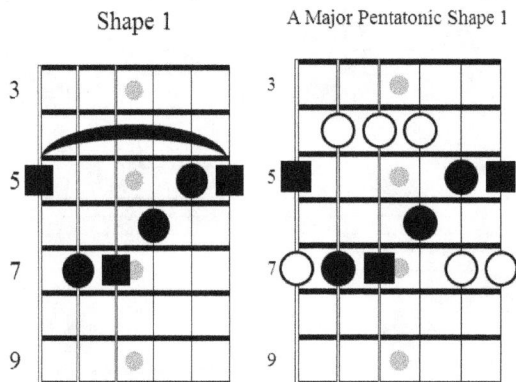

Shape 1   A Major Pentatonic Shape 1

Shape 2

A Major Pentatonic Shape 2

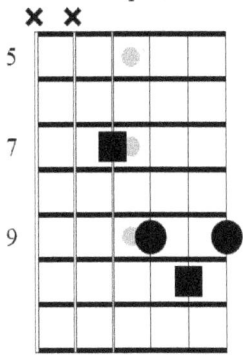

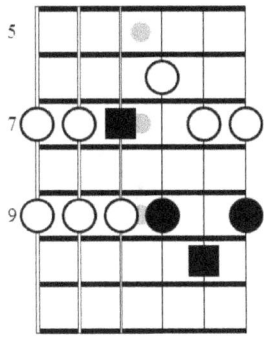

Shape 3

A Major Pentatonic Shape 3

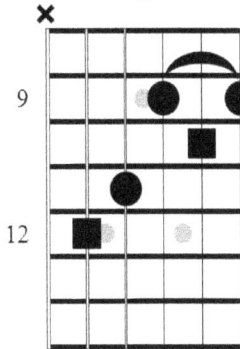

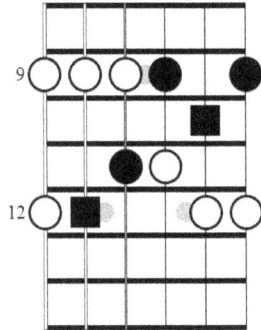

Shape 4

A Major Pentatonic Shape 4

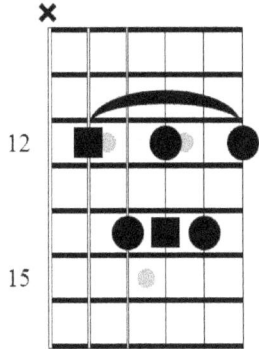

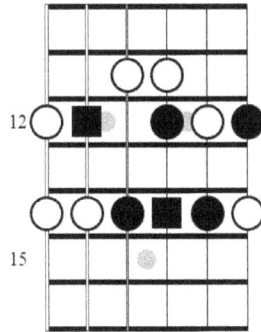

Shape 5

A Major Pentatonic Shape 5

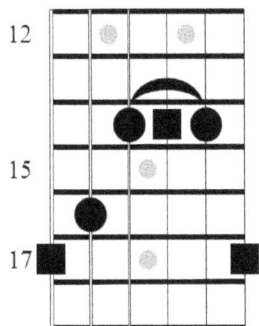

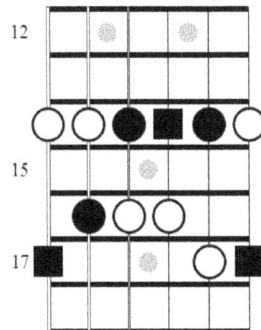

Ahora ya conoces el proceso, así que aprende las formas de escala en todas las cinco tonalidades y las cinco posiciones. Recuerda que debes tocar desde la nota más grave en cada forma hasta la más alta para mantener las cosas rítmicamente consistentes.

He escrito el ejercicio La-Do-Re-Fa-Sol (ACDFG) para la escala Pentatónica Mayor en el rango de los trastes 5to al 8vo en las cinco tonalidades en el ejemplo 13b.

Haz esto ascendiendo y descendiendo con la Pista de Acompañamiento 6 y luego asciende en una forma y desciende en la siguiente utilizando la Pista de Acompañamiento 8.

A Major Pentatonic

C Major Pentatonic

D Major Pentatonic

F Major Pentatonic

G Major Pentatonic

La escala Pentatónica Mayor suena increíble sobre un blues con estilo dominante o mayor, pero no funciona tan bien sobre un blues con estilo menor. Se utiliza mucho en la música country y en aquellos tiempos dobles "al estilo Hendrix", como verás en los siguientes 25 ejemplos.

Al igual que con el modo Mixolidio, las escalas pentatónicas mayores se combinan libremente con la escala de blues para enriquecer el sabor.

Licks en La Pentatónica Mayor – Forma 1

A Major Pentatonic Shape 1

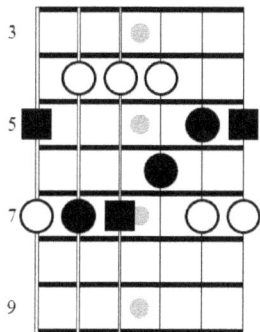

Ejemplo 13.1a

Ejemplo 13.1b

Ejemplo 13.1c

Ejemplo 13.1d

Ejemplo 13.1e

Licks en La Pentatónica Mayor – Forma 2

A Major Pentatonic Shape 2

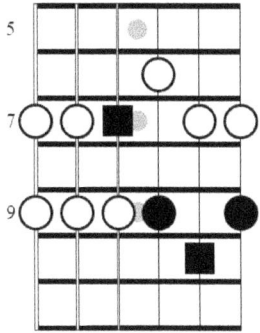

Ejemplo 13.2a

Ejemplo 13.2b

Ejemplo 13.2c

Hold Bend   Release

Ejemplo 13.2d

Ejemplo 13.2e

Licks en La Pentatónica Mayor – Forma 3

A Major Pentatonic Shape 3

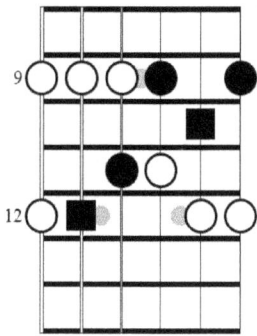

Ejemplo 13.3a

Ejemplo 13.3b

Ejemplo 13.3c

Ejemplo 13.3d

Hold Bend   Release

Ejemplo 13.3e

Licks en La Pentatónica Mayor – Forma 4

A Major Pentatonic Shape 4

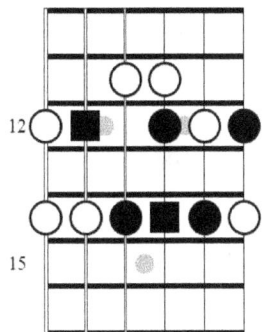

Ejemplo 13.4a

Ejemplo 13.4b

Ejemplo 13.4c

Ejemplo 13.4d

Ejemplo 13.4e

Licks en La Pentatónica Mayor – Forma 5

A Major Pentatonic Shape 5

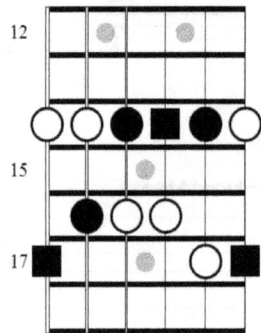

Ejemplo 13.5a

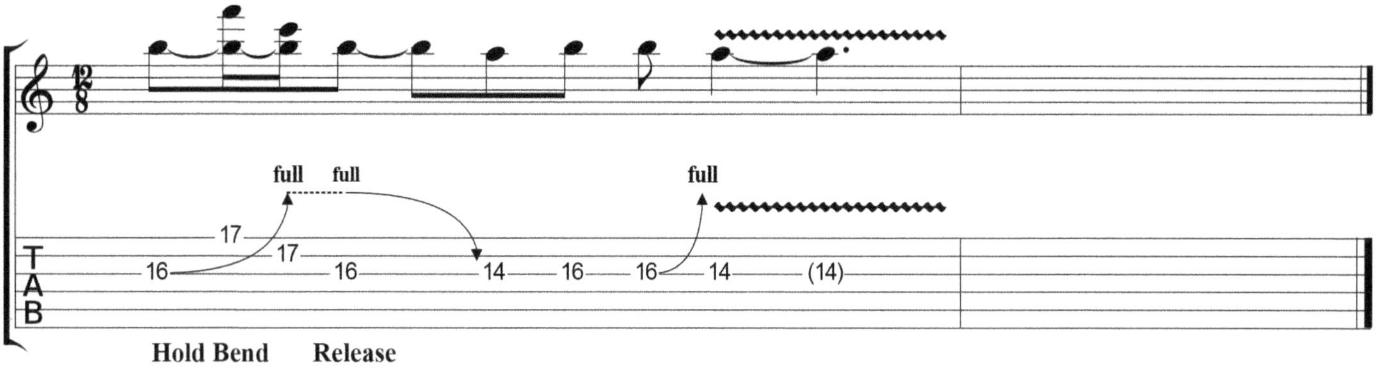

Ejemplo 13.5b

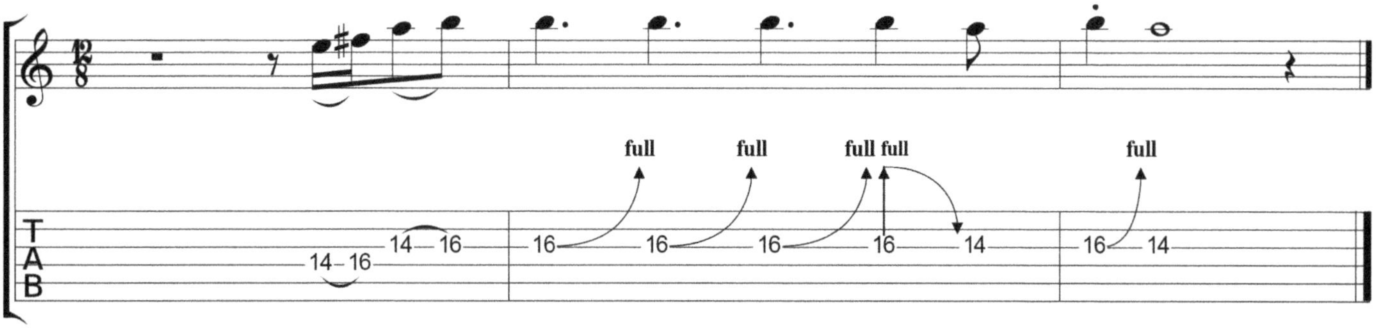

Ejemplo 13.5c

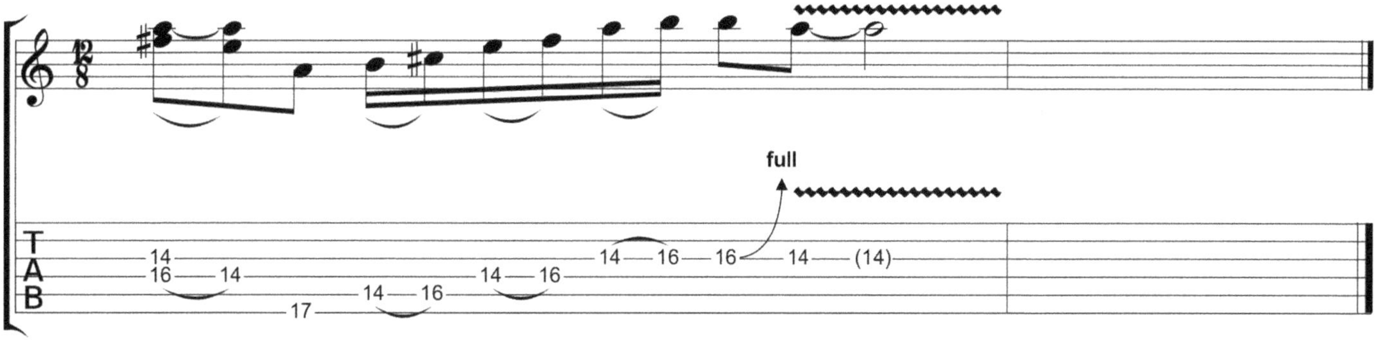

Ejemplo 13.5d

Ejemplo 13.5e

Capítulo 14 – Conclusiones

Si has seguido el sistema del libro entonces no deberías tener ningún problema para ver, tocar y escuchar todas estas escalas y licks en cualquier posición y en cualquier tonalidad en el diapasón. Recuerda el sistema:

Aprenda la forma de acorde.

Ata la forma de escala al acorde.

Aprende cada lick alrededor de la forma de acorde.

Incorpora los licks en tu propia interpretación rodeándolos con tu propia improvisación.

Tocar licks en diferentes tonalidades mientras se permanece en la misma posición es la *mejor* manera de aprender las formas de escala en cada área de la guitarra.

No es necesario tocar los licks "al pie de la letra". Simplemente están ahí para guiarte alrededor de cada forma y acostumbrar tu oído al *sonido* y el *sentimiento* de cada escala. Intenta comenzar cada lick en un lugar diferente en el compás. Puedes obtener algunos efectos de fraseo muy interesantes.

Varía tu forma de puntear. Ve más a fondo con el plectro; trata de tocar cerca del mástil o cerca del puente. Esta es una gran manera de añadir color y variación tonal a tu interpretación.

¡Haz sesiones de improvisación! Ve a YouTube y busca pistas de acompañamiento; hay bastantes. O aún mejor, busca un amigo y tomen turnos para tocar solos.

Trata de variar las escalas que tocas sobre los diferentes acordes de la progresión. Por ejemplo, en una progresión que va así:

Intenta algunos licks en escala de blues de La (A), en el La7 (A7), licks Mixolidios de Re (D) en el Re7 (D7), e intenta licks pentatónicos mayores de Mi (E) en el Mi7 (E7).

Por encima de todo, diviértete y experimenta. Tus oídos son tu herramienta más importante para escuchar a los intérpretes que realmente te gustan y aprender su lenguaje.

Éxitos, Joseph.

Otros Libros De Fundamental Changes

Guía Completa Para Tocar Guitarra Blues Libro 1: Guitarra Rítmica

Guía Completa Para Tocar Guitarra Blues Libro 2: Fraseo Melódico

Guía Completa Para Tocar Guitarra Blues Libro 3: Más Allá De Los Pentatónicos

Guía Completa Para Tocar Guitarra Blues Compilación

El Sistema CAGED Y 100 Licks Para Guitarra Blues

Cambios Fundamentales En Guitarra Jazz: ii V I Mayor

Dominio del ii V Menor Para Guitarra Jazz

Solos De Jazz Blues Para Guitarra

Escalas De Guitarra En Contexto

Acordes De Guitarra En Contexto

Dominio De Los Acordes En Guitarra Jazz (Acordes De Guitarra En Contexto Segunda Parte)

Técnica Completa Para Guitarra Moderna

Dominio De La Guitarra Funk

Teoría, Técnica Y Escalas Compilación Completa Para Guitarra

Dominio De La Lectura A Primera Vista Para Guitarra

El Sistema CAGED Y 100 Licks Para Guitarra Rock

Guía Práctica De La Teoría Musical Moderna Para Guitarristas

Lecciones De Guitarra Para Principiantes: Guía Esencial

Solos En Tonos De Acorde Para Guitarra Jazz

Guitarra Rítmica En El Heavy Metal

Guitarra Líder En El Heavy Metal

Solos Pentatónicos Exóticos Para Guitarra

Continuidad Armónica En Guitarra Jazz